住房和城乡建设领域专业人员岗位培训考核系列用书

劳务员考试大纲·习题集

江苏省建设教育协会　组织编写

中国建筑工业出版社

图书在版编目（CIP）数据

劳务员考试大纲·习题集/江苏省建设教育协会组织
编写. —北京：中国建筑工业出版社，2016.7
住房和城乡建设领域专业人员岗位培训考核系列
用书
ISBN 978-7-112-19561-9

Ⅰ. ①劳…　Ⅱ. ①江…　Ⅲ. ①建筑工程-劳务-
管理-岗位培训-自学参考资料　Ⅳ. ①F407.94

中国版本图书馆CIP数据核字（2016）第152955号

本书作为《住房和城乡建设领域专业人员岗位培训考核系列用书》中的一本，依据《建筑与市政工程施工现场专业人员职业标准》JGJ/T 250—2011、《建筑与市政工程施工现场专业人员考核评价大纲》及全国住房和城乡建设领域专业人员岗位统一考核评价题库编写。全书共三部分，包括第一部分专业基础知识，第二部分实务和第三部分模拟试卷。

本书既可作为劳务员岗位培训考核的指导用书，又可作为施工现场相关专业人员的实用工具书，也可供职业院校师生和相关专业人员参考使用。

责任编辑：张　磊　刘　江　岳建光　范业庶
责任校对：王宇枢　刘梦然

住房和城乡建设领域专业人员岗位培训考核系列用书

劳务员考试大纲·习题集
江苏省建设教育协会　组织编写

*

中国建筑工业出版社出版、发行（北京西郊百万庄）
各地新华书店、建筑书店经销
霸州市顺浩图文科技发展有限公司制版
环球东方（北京）印务有限公司印刷

*

开本：787×1092毫米　1/16　印张：10¾　字数：257千字
2016年9月第一版　　2016年9月第一次印刷
定价：32.00元
ISBN 978-7-112-19561-9
（28788）

住房和城乡建设领域专业人员岗位培训考核系列用书

编审委员会

主　任：宋如亚

副主任：章小刚　戴登军　陈　曦　曹达双

　　　　漆贯学　金少军　高　枫

委　员：王宇旻　成　宁　金孝权　张克纯

　　　　胡本国　陈从建　金广谦　郭清平

　　　　刘清泉　王建玉　汪　莹　马　记

　　　　魏德燕　惠文荣　李如斌　杨建华

　　　　陈年和　金　强　王　飞

出版说明

为加强住房和城乡建设领域人才队伍建设，住房和城乡建设部组织编制并颁布实施了《建筑与市政工程施工现场专业人员职业标准》JGJ/T 250—2011（以下简称《职业标准》），随后组织编写了《建筑与市政工程施工现场专业人员考核评价大纲》（以下简称《考核评价大纲》），要求各地参照执行。为贯彻落实《职业标准》和《考核评价大纲》，受江苏省住房和城乡建设厅委托，江苏省建设教育协会组织了具有较高理论水平和丰富实践经验的专家和学者，编写了《住房和城乡建设领域专业人员岗位培训考核系列用书》（以下简称《考核系列用书》），并于2014年9月出版。《考核系列用书》以《职业标准》为指导，紧密结合一线专业人员岗位工作实际，出版后多次重印，受到业内专家和广大工程管理人员的好评，同时也收到了广大读者反馈的意见和建议。

根据住房和城乡建设部要求，2016年起将逐步启用全国住房和城乡建设领域专业人员岗位统一考核评价题库，为保证《考核系列用书》更加贴近部颁《职业标准》和《考核评价大纲》的要求，受江苏省住房和城乡建设厅委托，江苏省建设教育协会组织业内专家和培训老师，在第一版的基础上对《考核系列用书》进行了全面修订，编写了这套《住房和城乡建设领域专业人员岗位培训考核系列用书（第二版）》（以下简称《考核系列用书（第二版）》）。

《考核系列用书（第二版）》全面覆盖了施工员、质量员、资料员、机械员、材料员、劳务员、安全员、标准员等《职业标准》和《考核评价大纲》涉及的岗位（其中，施工员、质量员分为土建施工、装饰装修、设备安装和市政工程四个子专业）。每个岗位结合其职业特点以及培训考核的要求，包括《专业基础知识》、《专业管理实务》和《考试大纲·习题集》三个分册。

《考核系列用书（第二版）》汲取了第一版的优点，并综合考虑第一版使用中发现的问题及反馈的意见、建议，使其更适合培训教学和考生备考的需要。《考核系列用书（第二版）》系统性、针对性较强，通俗易懂，图文并茂，深入浅出，配以考试大纲和习题集，力求做到易学、易懂、易记、易操作。既是相关岗位培训考核的指导用书，又是一线专业岗位人员的实用工具书；既可供建设单位、施工单位及相关高职高专、中职中专学校教学培训使用，又可供相关专业人员自学参考使用。

《考核系列用书（第二版）》在编写过程中，虽然经多次推敲修改，但由于时间仓促，加之编著水平有限，如有疏漏之处，恳请广大读者批评指正（相关意见和建议请发送至JYXH05@163.com），以便我们认真加以修改，不断完善。

本书编写委员会

主　　编：李如斌

副 主 编：王　飞　李冰彬　杨澄宇　余志毅

　　　　　花　蕾　徐明刚　丁国忠　徐筱舡

　　　　　谢　寒　束必清

前　言

　　根据住房和城乡建设部的要求，2016年起将逐步启用全国住房和城乡建设领域专业人员岗位统一考核评价题库，为更好贯彻落实《建筑与市政工程施工现场专业人员职业标准》JGJ/T 250—2011，保证培训教材更加贴近部颁《建筑与市政工程施工现场专业人员考核评价大纲》的要求，受江苏省住房和城乡建设厅委托，江苏省建设教育协会组织业内专家和培训老师，在《住房和城乡建设领域专业人员岗位培训考核系列用书》第一版的基础上进行了全面修订，编写了这套《住房和城乡建设领域专业人员岗位培训考核系列用书（第二版）》（以下简称《考核系列用书（第二版）》），本书为其中的一本。

　　劳务员培训考核用书包括《劳务员专业基础知识》、《劳务员专业管理实务》、《劳务员考试大纲·习题集》三本，反映了国家现行规范、规程、标准，并以劳务管理为主线，不仅涵盖了劳务员应掌握的通用知识、基础知识、岗位知识和专业技能，还涉及新技术、新设备、新工艺、新材料等方面的知识。

　　本书为《劳务员考试大纲·习题集》分册，全书共3部分，内容包括：第一部分专业基础知识、第二部分专业管理实务和第三部分模拟试卷。

　　本书既可作为劳务员岗位培训考核的指导用书，又可作为施工现场相关专业人员的实用工具书，也可供职业院校师生和相关专业人员参考使用。

目　　录

第一部分

专业基础知识

一、考试大纲

第1章 法律法规

1.1 建筑法

1.1.1 从业资格的有关规定

1.1.2 建筑安全生产管理方面的相关规定

1.1.3 建筑工程质量管理方面的相关规定

1.2 安全生产法

1.2.1 关于生产经营单位安全生产保障的有关规定

1.2.2 从业人员安全生产的权利和义务的有关规定

1.2.3 安全生产的监督管理的有关规定

1.3 《建设工程安全生产管理条例》和《建设工程质量管理条例》

1.3.1 《建设工程安全生产管理条例》关于施工单位的安全责任的规定

1.3.2 《建设工程质量管理条例》关于施工单位的质量责任和义务的有关规定

1.4 《劳动法》和《劳动合同法》

1.4.1 劳动合同和集体合同的有关规定

1.4.2 劳动安全卫生的有关规定

第2章 工程材料的基本知识

2.1 建筑材料的组成与分类

2.1.1 材料的组成与结构

2.1.2 材料的分类

2.2 材料的物理性质和力学性质

2.2.1 材料的物理性质

2.2.2 材料的力学性质

第4章 工程施工工艺和方法

4.1 地基与基础工程

4.1.1 岩土的工程分类

4.1.2 基坑（槽）开挖、支护及回填方法

4.1.3 混凝土基础施工工艺

4.2 砌体工程

4.2.1 砌体工程的种类

4.2.2 砌体工程施工工艺

4.3 钢筋混凝土工程

4.3.1 常见模板的种类

4.3.2 钢筋工程施工工艺

4.3.3 混凝土工程施工工艺

4.4 钢结构工程

4.4.1 钢结构的连接方法

4.4.2 钢结构安装施工工艺

4.5 防水工程

4.5.1 防水工程的主要种类

4.5.2 防水工程施工工艺

第5章 工程项目管理的基本知识

5.1 施工项目管理的内容及组织

5.1.1 施工项目管理的内容

5.1.2 施工项目管理的组织

5.2 施工项目目标控制

5.2.1 施工项目目标控制的任务

5.2.2 施工项目目标控制的措施

5.3 施工资源与现场管理

5.3.1 施工资源管理的任务和内容

第9章　人力资源开发及管理的基本知识

第10章 财务管理的基本知识

10.1 成本与费用

10.1.1 费用与成本的关系

10.1.2 工程成本的范围

10.1.3 期间费用的范围

10.2 收入与利润

10.2.1 收入的分类及确认

10.2.2 工程合同收入的计算

10.2.3 利润的计算与分配

第11章 劳务分包合同的相关知识

11.1 合同的基本知识

11.1.1 合同的定义和效力

11.1.2 合同订立的基本原则

11.1.3 合同的形式、类型和示范文本

11.1.4 自拟合同的法律规定

11.1.5 合同争议的解决途径、方式和诉讼时效

11.2 劳务分包合同

11.2.1 劳务分包合同签订的流程

11.2.2 劳务分包合同条款

11.2.3 劳务分包合同价款的确定

11.2.4 劳务分包合同履约过程管理

11.2.5 劳务分包合同审查

二、习　　题

第1章　法律法规

（一）单项选择题

1. 《建筑法》规定，建筑企业按照其具备注册资本、技术装备、已完成的建筑工程业绩和（　　）等资质条件，可申报不同等级资质企业。

A. 工程技术人员数量　　　　　　　　B. 员工数量

C. 专业技术人员数量　　　　　　　　D. 注册建造师数量

2. 我国建筑业企业申请资质时应具备一定数量的持有岗位证书的施工现场管理人员，下列不属于施工现场管理人员范畴的是（　　）。

A. 劳务员　　　　B. 施工员　　　　C. 项目经理　　　　D. 质检员

3. 《建筑法》规定，建筑工程安全生产管理必须坚持（　　）的方针。

A. 群防群治制度　　　　　　　　　　B. 安全第一、预防为主

C. 安全生产的责任制度　　　　　　　D. 安全教育培训，持证上岗

4. 《建筑法》规定，建筑工程安全管理必须建立健全安全生产的（　　）和群防群治制度。

A. 奖罚制度　　　B. 管理制度　　　C. 责任制度　　　D. 验收制度

5. 根据《建设工程质量管理条例》，关于勘察设计单位质量责任和义务的说法，错误的是（　　）。

A. 勘察设计单位必须按照工程建设强制性标准及有关规定进行勘察设计

B. 勘察单位提供的地质、测量、水文等勘察成果必须真实、准确

C. 设计单位应当根据勘察成果文件进行建设工程设计

D. 设计单位可对建筑材料、专用设备等指定生产厂家或供应商

6. 工程技术档案和施工管理资料是工程竣工验收和质量保证的重要依据之一。下列不属于该档案和资料的是（　　）。

A. 图纸会审和技术交底记录　　　　　B. 监理会议纪要

C. 施工日志　　　　　　　　　　　　D. 竣工图

7. 我国《安全生产法》中关于矿山、金属冶炼、建筑施工、道路运输单位和危险物品的生产、经营、储存单位建立安全生产保障体系的规定是（　　）。

A. 设置安全生产监督机构

B. 配备兼职安全生产管理人员

C. 设置安全生产管理机构或者配备专职安全生产管理人员

D. 设置安全生产监督机构并且配备专职安全生产管理人员

8. 我国《安全生产法》规定，下列生产经营单位的安全生产管理人员的职责正确的是（ ）。

A. 组织制定本单位安全生产规章制度和操作规程

B. 保证本单位安全生产投入的有效实施

C. 对本单位安全生产负责

D. 对安全生产状况进行经常性检查

9. 如果从业人员发现直接危及人身安全的紧急情况而停止作业，生产经营单位对此正确的处理是（ ）。

A. 降低其工资

B. 解除与其订立的劳动合同关系

C. 允许该行为

D. 对其给予警告处分

10. 依据《安全生产法》对从业人员权利和义务的有关规定，当发现直接危及自身安全的紧急情况时，从业人员（ ）。

A. 要立即向现场安全管理人员报告

B. 要采取一切技术手段抢险救灾

C. 在采取必要的个人防护措施后，在现场静观事态变化

D. 有权停止作业或者在采取可能的应急措施后撤离作业场所

11. 按照《安全生产法》的规定，国务院安全生产监督管理部门对全国安全生产工作实施（ ）。

A. 综合管理

B. 综合监督管理

C. 监督管理

D. 规划管理

12. 安全生产监督管理部门对生产经营单位开展安全生产监督检查，下列做法错误的是（ ）。

A. 进入生产经营单位进行检查，调阅有关资料，向有关单位和人员了解情况

B. 检查中发现的安全生产违法行为，当场予以纠正或者要求限期改正

C. 检查中发现的事故隐患，应当责令立即排除

D. 进行安全检查时，生产经营单位应停工

13. 某道路施工中发生边坡滑坡事故，20 人被埋，经抢救 15 人生还，5 人死亡，事故属于（ ）。

A. 特别重大事故　　B. 重大事故　　　C. 较大事故　　　　D. 一般事故

14. 关于事故应急救援预案，以下表述错误的是（ ）。

A. 县级以上地方各级人民政府应当组织有关部门制定本行政区域内生产安全事故应急救援预案

B. 危险性较小的生产经营单位可以不制定生产安全事故应急救援预案

C. 生产经营单位制定的生产安全事故应急救援预案应当与所在地县级以上地方人民政府组织制定的生产安全事故应急预案相衔接

D. 生产经营单位应当定期组织应急救援预案演练

15. 根据《建设工程安全生产管理条例》，施工单位中负有"对所承建的建设工程进行定期和专项安全检查，并做好安全检查记录"职责的是（ ）。

A. 主要负责人　　B. 技术负责人　　C. 项目负责人　　D. 法定代表人

16. 根据《建设工程安全生产管理条例》的规定，由施工单位对达到一定规模的危险性较大的分部分项工程编制的专项施工方案，实施前应当由（　　）。

A. 施工单位技术负责人、专业监理工程师签字

B. 施工单位技术负责人、建设单位负责人签字

C. 建设单位技术负责人、总监理工程师签字

D. 施工单位技术负责人、总监理工程师签字

17.《建设工程安全生产管理条例》规定，因建设工程施工可能造成损害的毗邻建筑物、构筑物和地下管线等，应当采取专项防护措施。这里，负责实施该防护措施的单位应当是（　　）。

A. 设计单位　　　B. 建设单位　　　C. 施工单位　　　D. 监理单位

18. 根据《建设工程质量管理条例》规定，下列选项中（　　）不属于建设单位的质量责任和义务。

A. 建设单位应当将工程发包给具有相应资质等级的承包单位

B. 建设工程发包单位不得迫使承包方以低于成本的价格竞标

C. 建设单位应按照国家有关规定组织竣工验收，建设工程验收合格的，方可交付使用

D. 建设单位应做好隐蔽工程的质量检查和记录

19. 施工单位对建设工程的（　　）负责，总承包单位与分包单位对分包工程的质量承担连带责任。

A. 施工质量　　　B. 施工安全　　　C. 施工进展　　　D. 施工成本

20. 建筑工程中隐蔽工程在隐蔽前，施工单位应及时通知监理单位和（　　），对隐蔽工程进行监督检查。

A. 业主　　　　　　　　　　B. 建设单位

C. 总承包单位　　　　　　　D. 建设工程质量监督机构

21.《劳动法》和《劳动合同法》关于劳动合同和集体合同的有关规定：劳动合同是劳动者与用人单位确立劳动关系，明确双方（　　）的协议。

A. 权利和义务　　B. 权利和责任　　C. 权益和义务　　D. 权益和责任

22. 劳动合同的期限将合同类型分为固定期限的劳动合同，（　　）劳动合同和以完成一定的工作为期限的劳动合同。

A. 不定期的　　　B. 长期的　　　C. 无固定期限的　　D. 短期的

23. 以劳动者所担负的工作任务来确定合同期限的劳动合同是（　　）劳动合同。

A. 固定期限的　　　　　　　B. 以完成一定工作为期限的

C. 无固定期限的　　　　　　D. 短期的

24. 已建立劳动关系，未同时订立书面劳动合同的，应当自用工之日起（　　）内订立书面劳动合同。

A. 1个星期　　　B. 半个月　　　C. 1个月　　　D. 2个月

25. 劳动合同期限三个月以上不满一年的，试用期不得超过（　　）个月。

A. 1　　　　　　B. 2　　　　　　C. 3　　　　　　D. 4

26. 同一用人单位与同一劳动者能约定（　　）次试用期。

A. 1　　　　　　　B. 2　　　　　　　C. 3　　　　　　　D. 4

27. 劳动合同生效方式：由用人单位与劳动者协商一致，并经（　　）在劳动合同文本上签字或者盖章生效。

A. 用人单位　　　　　　　　　　B. 劳动者

C. 用人单位与劳动者　　　　　　D. 劳动主管部门

28. 用人单位已经建立工会，由（　　）代表职工一方与用人单位通过平等协商签订集体合同。

A. 上级工会　　　B. 工会　　　C. 工会主席　　　D. 职工推选的代表

29. 《劳动法》中，劳动安全卫生设施必须符合（　　）规定的标准。

A. 国家　　　　　B. 企业　　　C. 行业　　　　D. 当地政府

30. 据《劳动法》的规定，以下关于劳动安全卫生制度的表述，错误的是（　　）。

A. 用人单位必须为劳动者提供符合国家规定的劳动安全卫生条件

B. 用人单位应为劳动者提供必要的劳动保护用品

C. 对从事有职业危害作业的劳动者应当定期进行健康检查

D. 对从事有职业危害作业的劳动者实行提前退休制

31. 以下不属于《劳动法》中关于劳动安全卫生方面的规定是（　　）。

A. 用人单位必须建立、健全劳动安全制度、规程和标准

B. 劳动安全卫生设施必须符合国家规定的标准

C. 经过专门培训后劳动者就可从事特种作业

D. 劳动者在劳动过程中必须经过严格遵守安全操作规程

（二）多项选择题

1. 根据《建设工程安全生产管理条例》的规定，施工现场"应设置明显的、符合国家标准的安全警示标志"的危险部位包括（　　）。

A. 施工现场入口处　　　　　　B. 电梯井口

C. 临时用电设施部位　　　　　D. 生活区

E. 基坑边沿

2. 根据《建设工程质量管理条例》，关于施工单位质量责任和义务的说法，正确的有（　　）。

A. 对施工质量负责

B. 按照工程设计图纸和施工技术标准施工

C. 对建筑材料、设备等进行检验检测

D. 建立健全施工质量检验制度

E. 审查批准高大模板工程的专项施工方案

3. 劳动者有下列情形之一的，用人单位可以解除劳动合同（　　）。

A. 在试用期间的

B. 严重违反用人单位的规章制度的

C. 严重失职，营私舞弊，给用人单位造成重大损害的

D. 劳动者不能胜任工作的

E. 被依法追究刑事责任的

4. 集体合同与劳动合同在（　　　）方面存在区别。

A. 签订主体　　　B. 签订程序　　　C. 协商主体

D. 法律效力　　　E. 法律依据

5. 《劳动合同法》规定符合下列条件之一，用人单位不得解除劳动合同，即使劳动合同期满，劳动合同也必须续延至相应的情形消失时终止，其中属于劳动安全卫生的是（　　　）。

A. 从事接触职业病危害作业的劳动者未进行离岗前职业健康检查，或者疑似职业病病人在诊断或者医学观察期间的

B. 在本单位患职业病或者因工负伤并被确认丧失或者部分丧失劳动能力的

C. 患病或者非因工负伤，在规定的医疗期内的

D. 女职工在孕期、产期、哺乳期的

E. 在本单位连续工作满十五年，且距法定退休年龄不足五年的

（三）判断题（正确填 A，错误填 B）

1. 施工劳务企业资质分为 3 个等级：一级、二级、三级。　　　　　（　　　）

2. 从事特种作业的人员经过安全培训后即可上岗作业。　　　　　（　　　）

3. 施工单位在施工过程中如发现设计文件和图纸的差错，如不影响主体结构，可自行处理。　　　　　（　　　）

4. 根据《安全生产法》规定，生产经营单位使用被派遣劳动者的，应当将被派遣劳动者纳入本单位从业人员统一管理，对被派遣劳动者进行岗位安全操作规程和安全操作技能的教育和培训。　　　　　（　　　）

5. 因生产安全事故受到损害的从业人员，除依法享有工伤保险外，依照有关民事法律尚有获得赔偿的权利的，有权向本单位提出赔偿要求。　　　　　（　　　）

6. 建设行政主管部门或者其他有关部门对建设工程是否有安全施工措施进行审查时，不得收取费用。　　　　　（　　　）

7. 《安全生产法》第七十七条规定：县级以上地方各级人民政府应当组织有关部门制定本行政区域内较大生产安全事故应急救援预案，建立应急救援体系。　　　　　（　　　）

8. 施工单位应当为施工现场从事危险作业的人员主动办理意外伤害保险，意外伤害保险费由施工单位和从业人员共同支付。　　　　　（　　　）

9. 对于非施工单位造成质量问题或竣工验收不合格的工程，由责任方负责返修。
　　　　　（　　　）

10. 用人单位未按照劳动合同约定提供劳动保护或者劳动条件的，劳动者可以解除劳动合同。　　　　　（　　　）

11. 试用期应包含在劳动合同期限内。　　　　　（　　　）

12. 集体合同中劳动报酬和劳动条件等标准可低于当地人民政府规定的最低标准。
　　　　　（　　　）

13. 劳动行政部门自收到集体合同文本之日起 10 日内未提出异议的，集体合同即行

生效。 （ ）

14. 劳动者拒绝用人单位管理人员违章指挥、强令冒险作业的，不视为违反劳动合同。这是《劳动合同法》针对劳动安全卫生方面的规定。 （ ）

（四）案例分析题

陈某于 2008 年 4 月 1 日到某工程施工单位工作，担任项目工程师。2008 年 4 月 1 日，双方签订了二年期劳动合同，合同期限为 2008 年 4 月 1 日至 2010 年 3 月 31 日。劳动合同期满后，双方又续签了二年期劳动合同，合同终止时间为 2012 年 3 月 31 日。在 2012 年 2 月 28 日，施工单位单方面向陈某做出《终止劳动合同通知书》，书面告知与陈某签订的劳动合同于 2012 年 3 月 31 日期满后终止劳动关系。陈某拒绝签署《终止劳动合同通知书》，并要求签订无固定期限劳动合同。因公司不同意陈某的要求，并于 2012 年 4 月 1 日停止了陈某的工作，为此，陈某申请劳动仲裁。

1. 施工单位与陈某连续签订了两次固定期限劳动合同后，第三次陈某可以要求签订（　　）。（单项选择题）

A. 固定期限劳动合同

B. 无固定期限劳动合同

C. 以完成一定工作任务为期限的劳动合同

D. 非全日制劳动合同

2. 该单位单方面停止陈某的工作的行为是（　　）的。（判断题，正确填 A，错误填 B）

3. 应当订立无固定期限劳动合同的情形有（　　）。（多项选择题）

A. 劳动者在该用人单位连续工作满十年

B. 劳动者严重违反用人单位的规章制度的

C. 用人单位初次实行劳动合同制度或者国有企业改制重新订立劳动合同时劳动者在该用人单位连续工作满十年且距法定退休年龄不足十年的

D. 连续订立二次固定期限劳动合同，且劳动者没有相关过失

E. 劳动者被依法追究刑事责任的

4. 劳动合同的终止，是指（　　）的权利义务因履行完毕而归于消灭，劳动合同关系不复存在，劳动合同对用人单位和劳动者双方不再具有法律约束力。（单项选择题）

A. 用人单位　　　　　　　　　B. 劳动者

C. 劳动合同双方当事人　　　　D. 劳动合同一方

5. 劳动者不能胜任工作，经过培训或者调整工作岗位，仍不能胜任工作的，用人单位提前 30 天以书面形式通知劳动者本人，可以解除劳动合同。（　　）（判断题，正确填 A，错误填 B）

第 2 章　工程材料的基本知识

（一）单项选择题

1. 水硬性胶凝材料的硬化特点是（　　）。

A. 只能在水中硬化

B. 不仅能在空气中硬化，而且能更好地在水中硬化

C. 必须在水泥中加促硬剂

D. 在饱和蒸汽中硬化

2. 气硬性胶凝材料的硬化特点是（　　）。

A. 只能在空气中硬化

B. 只能在水中硬化

C. 先在空气中硬化，然后移至水中硬化

D. 在恒温恒湿环境中硬化

3. 下列材料即能在空气中硬化又能在水中硬化的是（　　）。

A. 石灰　　　　　　B. 石膏　　　　　　C. 水泥　　　　　　D. 水玻璃

4. 沸煮法主要是检验水泥（　　）。

A. 是否含有过量的游离 CaO　　　　B. 安定性是否合格

C. 是否含有过量的 MgO　　　　　　D. 是否含有过量的 SO_3

5. 影响混凝土强度的因素是（　　）。

A. 水泥强度等级与水灰比、骨料的性质

B. 养护条件、龄期、施工质量

C. 水泥强度等级与水灰比、骨料的性质、龄期

D. 水泥强度等级与水灰比、骨料的性质以及养护条件、龄期等

6. 细集料为混凝土的基本组成之一，其粒径一般在（　　）之间。

A. 0.08～2.5mm　　　　　　　　　B. 0.15～4.75mm

C. 0.30～4.75mm　　　　　　　　　D. 0.15～9.5mm

7. 确定混凝土配合比的水灰比，必须从混凝土的（　　）考虑。

A. 和易性与强度　　　　　　　　　B. 强度与耐久性

C. 和易性和耐久性　　　　　　　　D. 耐久性与经济性

8. 测定砌筑砂浆抗压强度时采用的试件尺寸为（　　）。

A. 100mm×100mm×100mm　　　　B. 150mm×150mm×150mm

C. 200mm×200mm×200mm　　　　D. 70.7mm×70.7mm×70.7mm

9. 砌筑砂浆的流动性指标用（　　）表示。

A. 坍落度　　　　B. 维勃稠度　　　　C. 沉入度　　　　D. 分层度

10. 砌筑砂浆的配合比一般采用（　　）来表示。

A. 密度比　　　　B. 强度比　　　　C. 质量比　　　　D. 体积比

11. 砌石砂浆的强度主要取决于（　　）。

A. 坍落度　　　　B. 水泥的强度　　　　C. 水泥的用量　　　　D. 水灰比

12. 以下属于天然石材范围的是（　　）。

A. 玄武岩、花岗岩　　　　　　　　B. 沙岩、微晶石

C. 花岗岩、GRC 板　　　　　　　　D. 大理石、微晶石

13. 烧结普通砖的标准尺寸为（　　）mm^3。

A. 240×115×53　B. 190×190×90　C. 240×115×90　D. 100×120×150

14. 普通混凝土小型空心砌块，每批随机抽取（　　）块做尺寸偏差和外观质量检验。

A. 50　　　　　　B. 32　　　　　　C. 20　　　　　　D. 10

15. 钢筋冷拉以后再经过时效处理，其屈服点、抗拉强度及硬度（　　），塑性及韧性（　　）。

A. 提高 降低　　B. 提高 提高　　C. 降低 降低　　D. 降低 提高

16. 型钢中的 H 钢和工字钢相比，（　　）。

A. 两者所用的钢材不同　　　　　　B. 前者的翼缘相对较宽

C. 前者的强度相对较高　　　　　　D. 两者的翼缘都有较大的斜度

17. 钢筋与混凝土能共同工作的主要原因是（　　）。

A. 防火、防锈

B. 混凝土对钢筋的握裹及保护

C. 混凝土与钢筋有足够的粘结力，两者线膨胀系数接近

D. 钢筋抗拉而混凝土抗压。

（二）多项选择题

1. 在下列（　　）情况下，水泥应作废品处理。

A. 强度低于该强度等级，只能满足最低强度等级

B. 初凝时间不合格

C. 终凝时间不合格

D. 安定性不合格

E. 水化热太小

2. 若一袋水泥 50kg 和含水量为 2％的混合骨料 320kg 拌合时加入 26kg 的水，则此拌合物的水灰比为（　　）

A. $[26+320\times2\%/(1+2\%)]/50$　　　B. $(26+320\times2\%)/50$

C. $[26+320-320/(1+2\%)]/50$　　D. $26/50$

E. $[26-320\times2\%/(1+2\%)]/50$

3. 砂浆按其用途可分为（　　）。

A. 砌筑砂浆　　　B. 抹面砂浆　　　C. 防水砂浆

D. 装饰砂浆　　　E. 建筑砂浆

4. 砖的种类很多，可按材料、制作工艺分，又可按有无穿孔分，属于按材料分的砖有（　　）。

A. 黏土砖　　　　B. 页岩砖　　　　C. 灰砂砖

D. 烧结砖　　　　E. 炉渣砖

（三）判断题（正确填 A，错误填 B）

1. 普通硅酸盐水泥的初凝时间应不早于 45 分钟。　　　　　　　　　　　（　　）

2. 水泥为气硬性胶凝材料。　　　　　　　　　　　　　　　　　　　　（　　）

3. 卵石混凝土比同条件配合比拌制的碎石混凝土的流动性好，但强度则低一些。（　　）

4. 砌筑砂浆可视为无粗骨料的混凝土，影响其强度的主要因素应于混凝土的基本相

同，即水泥强度和水灰比。 （ ）

5. 分层度愈小，砂浆的保水性愈差。 （ ）

6. 欠火砖和过火砖均属于不合格产品。 （ ）

7. 钢材的力学性能是影响钢材的焊接性和焊接接头安全性的重要因素之一，直接影响焊接工艺参数和工艺措施的制定。 （ ）

8. 钢结构预埋件安装时，我们应采取防止损坏，锈蚀和污染的措施。 （ ）

9. 钢骨混凝土构件，当型钢外围具有一定厚度的混凝土保护层时，型钢与混凝土的粘结强度将足以保证两者的共同工作。 （ ）

（四）案例分析题

已知某高层住宅第二层楼板普通混凝土设计配合比为：水泥：中砂：碎石：水＝1：2.4：4.15：0.54，1m³ 混凝土湿重 2420kg，中砂含水率 5%，碎石含水率 1%。

请依据上述背景资料完成下列选项。

1. 1立方米此混凝土的水泥设计用量为（ ）kg。（单项选择题）

A. 258 B. 299 C. 239 D. 269

2. 1立方米此混凝土的中砂设计用量为（ ）kg。（单项选择题）

A. 646 B. 574 C. 718 D. 619

3. 1立方米此混凝土按施工配合比确定的中砂设计用量为 754kg。（ ）（判断题，正确填 A，错误填 B）

4. 计算混凝土的水灰比时，不用考虑使用水泥的实际强度。（ ）（判断题，正确填 A，错误填 B）

5. 下列关于该项目混凝土配合比设计正确的说法有（ ）。（多项选择题）

A. 满足混凝土结构设计要求的强度等级

B. 满足混凝土施工所要求的和易性

C. 满足工程所处环境要求的耐久性

D. 满足混凝土和易性基础上，确定混凝土的水灰比

E. 不用考虑现场施工因素

第3章 施工图识读、绘制的基本知识

（一）单项选择题

1. 定位轴线应用（ ）绘制。

A. 粗实线 B. 细实线 C. 虚线 D. 细点划线

2. 定位轴线是从图纸的左下角开始用（ ）表示。

A. 从左往右用①～⑩等表示 B. 从上往下用 A～G 等表示

C. 从右往左用①～⑩等表示 D. 从下往上用①～⑩等表示

3. 纵向定位轴线用大写拉丁字母编号，拉丁字母中的（ ）是不得用于轴线编号的。

A. H、K、Z B. I、O、Q C. I、O、Z D. E、G、K

4. 总平面图中室外地面整平标高标注的是（　　　）。

A. 建筑标高　　　　B. 结构标高　　　　C. 相对标高　　　　D. 绝对标高

5. 相对标高的零点正确的注写方式为（　　　）。

A. ±0.000　　　　B. －0.000　　　　C. ＋0.000　　　　D. 无特殊要求

6. 总平面图上的标高尺寸及新建房屋的定位尺寸，均以（　　　）为单位。

A. mm　　　　B. m　　　　C. dm　　　　D. cm

7. 在建筑总平面图的常用图例中，对于计划扩建建筑物外形用（　　　）。

A. 细实线　　　　B. 中虚线　　　　C. 粗实线　　　　D. 点划线

8. 建筑立面图不可以用（　　　）命名。

A. 朝向　　　　B. 外貌特征　　　　C. 结构类型　　　　D. 首尾轴线

9. 风玫瑰用于反映建筑场地范围内（　　　）主导风向。

A. 常年　　　　B. 夏季　　　　C. 冬季　　　　D. 秋季

10. 建筑平、立、剖面图常用的比例为（　　　）。

A. 1∶5；1∶10　　　　　　　　　B. 1∶10；1∶20

C. 1∶50；1∶100　　　　　　　　D. 1∶300；1∶500

11. 房屋施工图按专业分工不同，可分为（　　　）。

A. 建筑施工图，结构施工图，总平面图

B. 配筋图，模板图

C. 建筑施工图，结构施工图，设备施工图

D. 建筑施工图，水电施工图，设备施工图

12. 图样及说明中的汉字应写成（　　　）。

A. 仿宋体　　　　B. 长仿宋体　　　　C. 宋体　　　　D. 新宋体

13. （　　　）主要用来确定新建房屋的位置、朝向以及周边环境关系。

A. 建筑平面图　　B. 建筑立面图　　C. 建筑总平面图　　D. 功能分区图

14. 反映房屋各部位的高度、外貌和装修要求的是（　　　）。

A. 剖面图　　　　B. 平面图　　　　C. 立面图　　　　D. 详图

15. 反映建筑内部的结构构造、垂直方向的分层情况、各层楼地面、屋顶的构造等情况的是（　　　）。

A. 剖面图　　　　B. 平面图　　　　C. 立面图　　　　D. 详图

16. 建筑详图常用的比例有（　　　）。

A. 1∶50、1∶20、1∶10　　　　　B. 1∶100、1∶00、1∶50

C. 1∶200、1∶100、1∶50　　　　D. 1∶500、1∶200、1∶100

17. 有一窗洞口，洞口的下标高为－0.800，上标高为2.700，则洞口高为（　　　）。

A. 2.700　　　　B. 1.900　　　　C. 3.500　　　　D. 0.800

18. 建筑平面图的形成是（　　　）。

A. 水平剖面图　　B. 水平正投影图　　C. 垂直剖面图　　D. 纵向剖面图

19. 工程图样上所用的比例是指图中图形与其实物相对应的（　　　）尺寸之比。

A. 角度　　　　B. 线性　　　　C. 长度　　　　D. 宽度

20. 建筑物立面图是平行于建筑物各方向外表立面的（　　　）。

A. 剖面图　　　　B. 正投影图　　　　C. 断面图　　　　D. 轴测图

21. （　　）是建筑施工图的重要组成部分，它详细地表示出所画部位的构造形状、大小尺寸、使用材料和施工方法等。

A. 建筑平面图　　B. 建筑详图　　C. 建筑立面图　　D. 建筑剖面图

22、在建筑识图中一般应遵守的识图原则是（　　）。

A. 由总体到局部　　B. 由局部到总体　　C. 由详图到总图　　D. 由设备到建筑

23. 如与被索引的图样不在同一张图纸内，应在索引符号的下半圆中用阿拉伯数字注明该详图所在图纸的（　　）。

A. 位置　　　　　B. 图纸号　　　　C. 符号　　　　　D. 大小

24. 顶棚装饰平面图是假想以一个水平剖切平面沿顶棚下方门窗洞口位置进行剖切，移去下面部分后对上面的墙体、顶棚所作的（　　）。

A. 基本视图　　　B. 辅助投影图　　C. 镜像投影图　　D. 局部投影图

25. 建筑剖面图的剖切位置应在（　　）中表示，剖面图的图名应与其剖切线编号对应。

A. 总平面图　　　　　　　　　B. 底层建筑平面图
C. 标准层建筑平面图　　　　　D. 屋顶建筑平面图

（二）多项选择题

1. 在建筑工程图样上，尺寸的组成包括（　　）。

A. 尺寸界线　　B. 尺寸线　　　C. 尺寸起止符号
D. 尺寸大小　　E. 尺寸数字

2. 建筑施工图简称"建施"的图样通常包括（　　）。

A. 首页和总平面图　　　　　　B. 建筑平面图
C. 建筑立面图　　　　　　　　D. 基础平面图
E. 建筑详图

3. 建筑立面图的命名方式有（　　）。

A. 用朝向命名　　　　　　　　B. 用外貌特征命名
C. 用首尾轴线命名　　　　　　D. 用所处地势命名
E. 用平面位置命名

4. 建筑立面图的图示内容有（　　）。

A. 室外地平线　　　　　　　　B. 房屋的勒脚、台阶
C. 室内设备　　　　　　　　　D. 阳台、雨篷等的标高
E. 室内房间布局

5. 房屋建筑工程图由（　　）几个专业工种的施工图组成。

A. 总平面图　　B. 建筑施工图　　C. 结构施工图
D. 基础施工图　　E. 设备施工图

6. 墙身详图要表明（　　）。

A. 墙脚的做法　　　　　　　　B. 梁、板等构件的位置
C. 大梁的配筋　　　　　　　　D. 构件表面的装饰

E. 墙身定位轴线

7. 楼梯建筑详图包括有（　　）。

A. 平面图　　　　　　B. 剖面图　　　　　　C. 梯段配筋图

D. 平台配筋图　　　　E. 节点详图

（三）判断题（正确填 A，错误填 B）

1. 一般房屋中把反映建筑物主要出入口的立面图称为正立面。　　　　（　　）

2. 立面图中外墙上突出凹进的部位如窗台、壁柱、阳台等轮廓线用粗实线表示。（　　）

3. 平面图上横向定位轴线的编号采用阿拉伯数字，按从左向右顺序编号。（　　）

4. 总平面图中室外地面整平标高用黑三角形画出。　　　　　　　　　（　　）

5. 建筑立面图主要表达建筑物的体型和外貌，以及外墙面各部分构件的形状、位置和相互关系。　　　　　　　　　　　　　　　　　　　　　　　　　　　（　　）

6. 在建筑装立面图中，建筑的外轮廓线用粗实线表示，室外地坪用加粗实线表示。

（　　）

7. 总平面图图中的尺寸以米为单位。　　　　　　　　　　　　　　　（　　）

8. 剖面图上剖切符号的编号数字可写在剖切位置线的任意一边。　　　（　　）

9. 建筑平面图外部尺寸一般标三道，最外一道是总尺寸。　　　　　　（　　）

10. 索引符号是由直径为 10mm、细实线绘制的圆及水平直径组成。　　（　　）

（四）案例分析题

如下图所示的底层平面图，从图中可知：

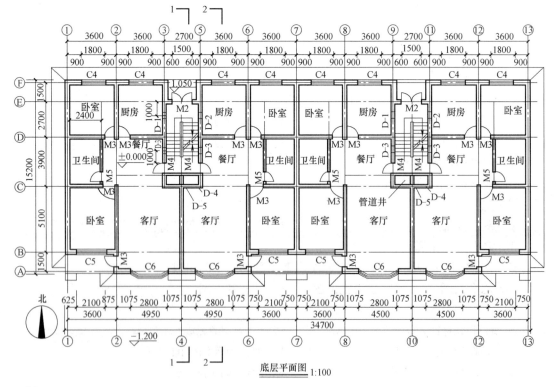

底层平面图 1:100

1. 该建筑中的 D1、D2（D 表示洞）距离 E 轴线为 1000mm。（   ）（判断题，正确填 A，错误填 B）

2. 南卧的开间为 3600mm，进深为 6600mm。（   ）（判断题，正确填 A，错误填 B）

3. 该建筑室内外高度相差（   ）m。（单项选择题）

A. 1.05　　　　　B. 0.15　　　　　C. 1.2　　　　　D. 无法确定

4. F 轴线上的窗编号是（   ）。（单项选择题）

A. C3　　　　　B. C4　　　　　C. C5　　　　　D. C6

5. 图中剖切符号，分别是在（   ）轴线间的 1-1 剖切符号和 2-2 剖切符号。剖面图类型均为全剖面图，剖视方向向左。（多项选择题）

A. ④　　　　　B. ⑤　　　　　C. ③

D. ⑥　　　　　E. ⑦

第 4 章　工程施工工艺和方法

（一）单项选择题

1. 对于主要用锹、锄头挖掘，少许用镐翻松的土，此类土可以判断为（   ）。

A. 一类土（松软土）　　　　　B. 二类土（普通土）

C. 三类土（坚土）　　　　　D. 四类土（砂砾坚土）

2. 土方的边坡坡度一般以（   ）表示，它影响到土方开挖边坡的稳定性。

A. 坡底宽度（b）与挖方深度（h）之比

B. 挖方深度（h）与坡底宽度（b）之比

C. 边坡系数（m）与坡底宽度（b）之比

D. 边坡系数（m）与挖方深度（h）之比

3. 影响填土压实的因素除了机械压实功和每层铺土厚度，还有（   ）。

A. 土的含水量　　B. 土的渗透性　　C. 土的可松性　　D. 土的压实系数

4. 具有施工时无噪声、无振动，施工迅速、简便，沉桩速度快等优点的沉桩方法是（   ）。

A. 锤击沉桩法　　B. 振动沉桩法　　C. 静力压桩法　　D. 射水沉桩法

5. 在有地下水、流砂、淤泥的情况下，灌注桩施工一般选择（   ）方法比较合适。

A. 钻孔灌注桩　　B. 沉管灌注桩　　C. 人工挖孔灌注桩　　D. 挤扩灌注桩

6. 最常用的砂浆的强度等级为（   ）级。

A. M0.5 和 M1.0　　B. M2.5 和 M5　　C. M3.5 和 M5.0　　D. M5 和 M7.5

7. 砖砌体中，标准砖的丁面尺寸为（   ）mm。

A. 115×53　　B. 240×53　　C. 240×115　　D. 190×90

8. 砌体工程的施工工艺是（   ）。

A. 放线→找平→摆砖样→立皮数杆→盘角→挂准线→铺灰→砌砖→清理

B. 找平→放线→立皮数杆→摆砖样→挂准线→盘角→铺灰→砌砖→清理

C. 找平→放线→摆砖样→立皮数杆→盘角→挂准线→铺灰→砌砖→清理

D. 放线→找平→立皮数杆→摆砖样→盘角→挂准线→铺灰→砌砖→清理

9. 墙体砌筑时采用的皮数杆，其作用是控制（　　　），同时还可以保证砌体的垂直度。皮数杆长度应略大于一个楼层的高度。

　　A. 每皮砖竖向尺寸　　　　　　　　B. 墙体表面平整度

　　C. 砖灰缝饱满度　　　　　　　　　D. 砖墙的厚度尺寸

10. 对墙和柱模板的要求，主要是保证其垂直度以及（　　　）。

　　A. 支承新浇混凝土的竖向压力　　　B. 抵抗新浇筑混凝土的侧压力

　　C. 方便作业人员浇筑混凝土　　　　D. 方便作业人员进行安装钢筋

11. 对于 HPB300 级钢筋作为受力钢筋时，其末端应做（　　　）弯钩。

　　A. 45°　　　　　　B. 90°　　　　　　C. 135°　　　　　　D. 180°

12. 有防水抗渗要求的混凝土养护时间不少于（　　　）d，浇水次数应使混凝土保持具有足够的湿润状态。

　　A. 3　　　　　　　B. 7　　　　　　　C. 14　　　　　　　D. 21

13. 钢结构工程常用的焊接方法除了焊条手工电弧焊、埋弧焊，还有（　　　）。

　　A. 气压焊　　　　B. 气体保护焊　　　C. 电渣压力焊　　　D. 闪光对焊

14. 普通螺栓质量等级按加工制作质量及（　　　）分为 A、B、C 三个等级，其中 A 级最好。

　　A. 精度　　　　　B. 强度　　　　　　C. 刚度　　　　　　D. 硬度

15. 高强度螺栓孔必须采用（　　　）而成，孔边应无飞边、毛刺，中心线倾斜度不得大于 2mm。

　　A. 冲孔　　　　　B. 钻孔　　　　　　C. 割孔　　　　　　D. 切孔

16. 钢结构安装前应对基础轴线和标高、（　　　）进行检查、检测，并办理交接手续。

　　A. 预留洞位置　　B. 构件型号　　　　C. 构件尺寸　　　　D. 预埋板位置

17. 按防水构造做法不同分类，有（　　　）、附加防水层防水。

　　A. 结构构件自防水　　　　　　　　B. 卷材防水

　　C. 涂膜防水　　　　　　　　　　　D. 细石混凝土防水

18. 建筑工程上使用的防水卷材，其性能主要有（　　　）。

　　A. 弯折强度、延伸率、在温度变化下的稳定性、抗老化等性

　　B. 拉伸强度、延伸率、在温度变化下的软化性、抗老化等性

　　C. 拉伸强度、延伸率、在温度变化下的稳定性、抗老化等性

　　D. 断裂强度、拉伸长度、在温度变化下的稳定性、抗老化等性

19. 对于大体积防水混凝土养护，要随时检测内外温度差，控制内外温差不大于（　　　）℃。

　　A. 15　　　　　　B. 20　　　　　　　C. 25　　　　　　　D. 30

20. 刚性多层抹面水泥砂浆防水层是利用不同（　　　）的水泥浆和水泥砂浆分层分次抹压施工而成的防水层。

　　A. 配合比　　　　B. 抗压强度　　　　C. 水泥品种　　　　D. 颗粒粒径

（二）多项选择题

1. 常用的砖砌体砌砖方法有（　　　）。

A. 铺灰挤砖法　　B. 三一砌砖法　　C. 坐灰砌砖法

D. 梅花丁法　　　E. 三顺一丁法

2. 混凝土浇筑采用机械振捣，其振捣的方法有（　　）。

A. 内部振动器振捣　　　　　B. 斜面振动器振捣

C. 附着式振动器振捣　　　　D. 平板式振动器振捣

E. 分层浇筑振捣

3. 起重机型号选择取决于下述（　　）工作参数，工作参数均应满足结构安装的要求。

A. 行走距离　　B. 起重高度　　C. 起重半径

D. 起重量　　　E. 爬坡高度

4. 卷材粘贴按照卷材性能和施工方法，可以采用以下（　　）粘结方法。

A. 冷粘法　　B. 热熔法　　C. 自粘法

D. 冷铺法　　E. 洒涂法

（三）判断题（正确填 A，错误填 B）

1. 自然状态下的土，经过开挖后，其体积因松散而增加，以后虽经回填压实，仍不能恢复到原来的体积，这种性质称为土的可松性。（　　）

2. 基坑（槽）挖好后，应停留一段时间再进行基础工程施工。（　　）

3. 对于大体积混凝土浇筑可以采用全面分层浇筑、分段分层浇筑、分段斜面浇筑等方法，但不管采用何种方法，要保证混凝土形成整体，不出现开裂等缺陷。（　　）

4. 砌块砌筑的墙，在梁下、板下墙顶砖须待墙体砌块砌完后 7d 再砌筑，要求斜砖与梁（板）顶紧，斜砖灰缝饱满。（　　）

5. 高强度螺栓按形状不同，分为大六角头型高强度螺栓和扭剪型高强度螺栓。（　　）

6. 对于大型连接节点，因螺栓数量较多，为了确保施工进度和螺栓不漏拧，必须一次性直接拧紧。（　　）

7. 防水混凝土其防水机理是依靠结构构件混凝土自身的密实性，再加上一些构造措施达到结构自防水的目的。（　　）

8. 冷粘法铺贴卷材施工时，胶粘剂涂刷应均匀、不漏底、不堆积，禁止使用点铺法铺贴卷材。（　　）

（四）案例分析题

某多层现浇混凝土框架结构办公楼工程，位于 7 度抗震设防地区，共 5 层，层高 3.3m，坡屋顶。基础为柱下钢筋混凝土独立基础，墙下条形基础，基础墙采用 MU15 的混凝土砖砌筑，上部墙体采用 MU7.5 混凝土空心砖砌筑，所用的砂浆有 M10 的水泥砂浆和 M5 混合砂浆。砌筑时外部采用扣件式钢管脚手架，里面采用角钢折叠式里脚手架。基础和上部结构均采用 C30 混凝土，屋面为钢筋混凝土现浇坡屋面。整个工程历时 300d 完成，施工良好，无安全事故发生。

1. 本工程中梁支座处上部钢筋连接优先采用（　　　）的连接方式。（单项选择题）

A. 绑扎搭接　　　　B. 机械连接　　　　C. 埋弧焊接　　　　D. 电阻点焊

2. 浇筑竖向构件时，高度大于（　　　）m 时，要用串筒或溜槽下料，防止混凝土出现分层离析，影响混凝土质量。（单项选择题）

A. 1　　　　　　　B. 2　　　　　　　C. 3　　　　　　　D. 4

3. 本工程中模板按照使用部位可以分成（　　　）。（多项选择题）

A. 梁模板　　　　　B. 柱模板　　　　　C. 墙模板

D. 楼梯模板　　　　E. 板模板

4. 该工程砖砌体施工工艺应为：找平→放线→摆砖样→立皮数杆→挂准线→铺灰→砌砖→清理。（　　　）（判断题，正确填 A，错误填 B）

5. 该工程基础墙采用 M5 混合砂浆砌筑。（　　　）（判断题，正确填 A，错误填 B）

第5章　工程项目管理的基本知识

（一）单项选择题

1. 下列不属于施工项目管理特征的选项是（　　　）。

A. 施工项目的管理者是建设单位

B. 施工项目管理的对象是施工项目

C. 施工项目管理的内容是按阶段变化的

D. 施工项目管理要求强化组织协调工作

2. 施工项目的生产要素主要包括（　　　）。

A. 人员、原材料、设备、技术和资金

B. 人员、原材料、机器、技术和成本

C. 劳动力、材料、设备、技术和资金

D. 劳动力、材料、机器、技术和成本

3. 项目管理的最基本的方法论是（　　　）的动态控制。

A. 利润目标　　　B. 安全目标　　　C. 项目目标　　　　D. 质量目标

4. 进行工程项目分解，确定阶段控制目标，是施工项目管理内容中的（　　　）的内容之一。

A. 施工项目目标控制　　　　　　　B. 建立施工项目管理组织

C. 施工项目合同管理　　　　　　　D. 编制施工项目管理规划

5. 选聘称职的项目经理，组建项目经理部，明确责任、义务和权限，是施工项目管理内容中的（　　　）的内容之一。

A. 施工项目目标控制　　　　　　　B. 建立施工项目管理组织

C. 降低施工成本　　　　　　　　　D. 保证项目目标的实现

6. 组织协调的主要目的是（　　　）。

A. 缩短施工周期　　　　　　　　　B. 提高施工质量

C. 提高项目利润　　　　　　　　　D. 保证目标实现

7. 施工项目经理部的性质可以归纳为相对独立性、综合性和（　　）。

A. 临时性　　　　B. 固定性　　　　C. 可靠性　　　　D. 永久性

8. 项目技术负责人是在（　　）的领导下，负责项目部施工生产、工程质量、安全生产和机械设备管理工作。

A. 项目部经理　　B. 公司法人　　C. 公司技术负责人　D. 公司技术部门

9. 项目经理部解体后，其工程结算、价款回收及加工订货等债权债务的处理，由（　　）完成。

A. 项目经理　　　B. 留守小组　　C. 公司法人　　　　D. 公司财务部门

10. 影响施工项目质量的因素较多，其中（　　）是第一重要因素。

A. 人　　　　　　B. 材料　　　　C. 机械设备　　　D 工艺方法

11. 安全管理的三全控制是指（　　）。

A. 全方位、全面、全过程　　　　　B. 全过程、全员、全面

C. 全天候、全方位、全面　　　　　D. 全天候、全员、全过程

12. 工程质量不符合要求时，应按规定进行处理，下列选项（　　）不符合规定。

A. 经返修或加固处理仍不能满足安全的分部工程及单位工程，可以降级验收

B. 经有资质的检测机构检测鉴定能够达到设计要求的检验批，应予以验收

C. 经有资质的检测机构检测鉴定达不到设计要求，但经原设计单位核算认可能够满足安全检验批，可予以验收

D. 经返修和加固处理的分项分部工程，满足安全及使用功能要求时，可按技术处理方案和协商文件的要求予以验收

13. 通常工程项目成本管理过程包括项目：①成本计划、②成本核算、③成本控制、④成本考核、⑤成本预测、⑥成本分析六大任务，其顺序为（　　）。

A. ③①②④⑤⑥　B. ⑤①③②⑥④　C. ③②①⑥④⑤　　D. ①⑥③②④⑤

14. 下列选项不属于施工准备阶段质量控制的是（　　）。

A. 施工组织设计　B. 测量控制　　C. 采购质量控制　　D. 质量教育与培训

15. 应重视信息技术（包括相应的软件、局域网、互联网以及数据处理设备等）在进度控制中的应用，属于进度控制措施中的（　　）。

A. 组织措施　　　B. 管理措施　　C. 经济措施　　　　D. 技术措施

16. 成本计划的类型按其作用可分为（　　）。

A. 竞争性成本计划、指导性成本计划、实施性计划成本

B. 控制性成本计划、指导性成本计划、实施性计划成本

C. 控制性成本计划、指导性成本计划、操作性计划成本

D. 竞争性成本计划、指导性成本计划、目标性计划成本

17. 施工项目成本控制的步骤包括：①纠偏、②分析、③检查、④比较、⑤预测，正确的步骤顺序为（　　）。

A. ④③②①⑤　B. ④②⑤①③　　C. ②③④①⑤　　D. ②④⑤①③

18. 建设工程三级安全教育包括进入公司、进入（　　）、进入班组。

A. 总包单位　　　B. 分包单位　　C. 建设单位　　　　D. 项目部

19. 施工项目资源管理的全过程包括（　　）环节。

A. 编制计划、配置、控制、处置　　B. 编制目标、计划、控制、处理

C. 编制计划、采购、应用、处置　　D. 编制目标、计划、采购、检查

20. 施工项目资源管理的内容包括（　　）。

A. 人力资源管理、材料管理、机械设备管理、技术管理、资金管理

B. 劳动力管理、材料管理、机械设备管理、技术管理、资金管理

C. 人力资源管理、材料管理、机械设备管理、安全管理、资金管理

D. 人力资源管理、材料管理、机械设备管理、技术管理、成本管理

21. 施工项目机械设备管理的环节包括：①选择、②使用、③保养、④维修、⑤改造、⑥更新，其关键是（　　）。

A. ①　　　　　B. ②　　　　　C. ③　　　　　D. ⑥

22. 材料出厂或进场验收，主要包括验收准备、（　　）和数量验收等。

A. 外包装　　　B. 材料品种　　C. 质量验收　　D. 使用说明

23. 对人力资源优化配置时，应以（　　）为原则。

A. 成本优先、双向选择、优胜劣汰、竞争择优

B. 精干高效、考核选择、优胜劣汰、择优录用

C. 成本优先、双向选择、治懒劣汰、择优录用

D. 精干高效、双向选择、治懒劣汰、竞争择优

24. 对于施工图纸齐全、任务明确的项目，其材料用量可以按照（　　）方法计算。

A. 直接计算法　B. 间接计算法　C. 比例计算法　D. 经验估算法

25. 施工现场管理执行的主要标准包括（　　）。

A. 技术类标准、管理类标准、行为类标准

B. 政策类标准、技术类标准、管理类标准

C. 政策类标准、管理类标准、行为类标准

D. 技术类标准、强制性标准、管理类标准

26. 施工现场四周应进行封闭围护，如市区主要道路的围护设施高度应不低于(　　) m。

A. 1.8　　　　　B. 2　　　　　C. 2.5　　　　　D. 3

27. 下列选项不属于施工现场环境保护主要内容的是（　　）。

A. 防大气污染措施　　　　B. 防水污染措施

C. 防止噪声污染措施　　　D. 现场封闭管理

28. 应对施工现场场容、文明形象管理做出总体策划和部署的部门是（　　）。

A. 项目经理部　　　　　　B. 总包单位安全科

C. 分包单位　　　　　　　D. 建设单位

29. 施工现场道路应尽量布置成（　　），以便于车辆运输出入。

A. 环形　　　　　B. 曲线形　　C. 一字形　　　D. 直线形

30. 施工现场主入口处应有安全纪律牌，它包括（　　）。

A. 安全警告标志、安全生产和劳动纪律制度

B. 安全警示标志、安全生产及消防保卫制度

C. 安全教育图片、安全生产和门卫保卫制度

D. 安全教育图片、安全生产和消防保卫制度

（二）多项选择题

1. 施工项目管理的目标应符合合同的要求，其主要内容包括（　　）。
A. 施工的质量目标　　　　　　　B. 施工的利润目标
C. 施工的进度目标　　　　　　　D. 施工的安全管理目标
E. 文明施工和环境保护目标

2. 施工项目主要的管理组织形式有（　　）。
A. 工程队式　　　B. 工作队式　　　C. 部门控制式
D. 矩阵式　　　　E. 事业部式

3. 施工项目进度计划系统包括施工项目（　　）。
A. 项目总进度计划　　　　　　　B. 单位工程进度计划
C. 分部分项工程进度计划　　　　D. 材料进场计划
E. 年度月度进度计划

4. 施工项目进度的比较分析常用的方法有（　　）。
A. 网络图记录比较法　　　　　　B. 横道图记录比较法
C. 前锋线比较法　　　　　　　　D. 香蕉形曲线比较法
E. S 形曲线比较法

5. 施工项目资源的分配计划包括（　　）。
A. 人员需求分配计划　　　　　　B. 物资需求分配计划
C. 设备和设施需求分配计划　　　D. 资金需求分配计划
E. 安全防护需求分配计划

6. 施工现场管理标准化包括（　　）。
A. 现场布置标准化　　　　　　　B. 工序作业标准化
C. 生活办公区管理标准化　　　　D. 现场分区责任标准化
E. 办公设施标准化

（三）判断题（正确填 A，错误填 B）

1. 在工程开工前，由总包单位技术部门编制施工项目管理实施规划，对施工项目管理从开工到交工验收进行全面的指导性规划。　　　　　　　　　　　　　（　　）

2. 协调为有效控制服务，协调和控制都是计划目标实现的保证。　　　　　（　　）

3. 项目经理部是一次性、具有弹性的施工现场生产组织机构。　　　　　（　　）

4. 矩阵式项目管理组织形式适用于小型的、专业性较强、不需要涉及众多部门的施工项目。　　　　　　　　　　　　　　　　　　　　　　　　　　　　（　　）

5. 施工项目控制的目的是排除干扰、实现合同目标。　　　　　　　　　（　　）

6. 建设工程项目质量政府监督的内容主要包括：建设工程的质量监督评估、开工前的质量监督、在施工期间的质量监督、竣工阶段的质量监督。　　　　　　　（　　）

7. 按照工程重要程度，单位工程开工前，应由企业或项目技术负责人向承担施工的负责人或分包人进行全面技术交底。　　　　　　　　　　　　　　　　　（　　）

8. 2m 以上的高处、悬空作业、无安全设施的，必须系好安全带，扣好保险钩。安全

带应挂在不超过作业面的部位。 （　　）

9. 所谓人力资源结构合理是指在劳动力组织中的知识结构、技能结构、年龄结构、体能结构、工种结构等方面，与所承担生产经营任务的需要相适应，能满足施工和管理的需求。 （　　）

10. 施工项目的资金，是一种特殊的资源，是获取其他资源的基础，是所有项目活动的基础。 （　　）

11. 施工场地只能包括红线以内占用的建筑用地，不能包括红线以外临时施工用地。 （　　）

12. 隔声是把发声的物体、场所用隔声材料封闭起来与周围隔绝，以降低声音的传播。 （　　）

（四）案例分析题

工人甲在某工程上剔凿保护层上的裂缝，由于没有将剔凿所用的工具带到工作面，便回去取工具，行走途中不小心踏上了通道口盖板（通道口尺寸 1.3m×1.3m，盖板为 1.4m×1.4m、厚度 1mm 的镀锌铁皮），铁皮在甲的踩踏下，迅速变形塌落，甲随塌落的盖板掉到首层地面（落差 12.35m），经抢救无效当日死亡。这是一起由于"四口"防护不到位所引起的伤亡事故。

1. 高处作业是指凡在坠落高度基准面（　　）m 以上有可能坠落的高处进行的作业。（单项选择题）

A. 1　　　　　　B. 1.5　　　　　　C. 2　　　　　　D. 3

2. 安全防护的"四口"是指楼梯口、电梯井口、通道口及（　　）。（单项选择题）

A. 通风口　　　B. 预留洞口　　　C. 门窗洞口　　　D. 下水道口

3. 为了防止出现高处坠落危险，必须正确使用"三宝"，其包括（　　）。（多项选择题）

A. 安全帽　　　B. 防护镜　　　C. 安全带

D. 安全网　　　E. 安全鞋

4. 为了减少和杜绝安全事故，必须进行三级安全教育，三级安全教育指的是公司对项目部教育，项目部对班组教育，班组对新工人教育。（　　）（判断题，正确填 A，错误填 B）

5. 建筑工程安全生产管理必须坚持"安全第一、预防为主、综合治理"的方针，建立健全安全生产责任制等制度。（　　）（判断题，正确填 A，错误填 B）

第6章　劳动保护的相关规定

（一）单项选择题

1. 对怀孕（　　）个月以上的女职工，不得安排其延长工作时间和夜班劳动。

A. 4　　　　　　B. 5　　　　　　C. 6　　　　　　D. 7

2. 不属于全体劳动者休假的节日是（　　）。

A. 元旦　　　　　　B. 国际劳动节　　　C. 妇女节　　　　　　D. 国庆节

3.《劳动者权益保护法》对法定休假日工作的工资支付应不低于平时工资的（　　）。

A. 150％　　　　　B. 200％　　　　　C. 250％　　　　　D. 300％

4. 小王在单位已经工作了11年，按规定他可休（　　）年休假。

A. 5 天　　　　　　B. 7 天　　　　　　C. 10 天　　　　　　D. 15 天

5. 企业的（　　）应对本企业的生产安全负全面责任。

A. 董事长　　　　　　　　　　　　　　B. 法人

C. 总经理　　　　　　　　　　　　　　D. 分管安全生产的经理

6. 劳动卫生规程不包括（　　）。

A. 防止粉尘危害　　　　　　　　　　　B. 传染病的防治

C. 防止噪声和强光刺激　　　　　　　　D. 防止电磁辐射危害

7. "在编制生产计划时要同时编制劳动保护措施计划，检查生产进度时要同时检查安全生产情况，如发现问题，负责进行调度，并转告有关部门。"这是（　　）的职责。

A. 财务部门　　　B. 生产部门　　　C. 总会计师　　　D. 安全专职机构

8. 根据《最低工资规定》，在劳动者提供正常劳动的情况下，用人单位支付给劳动者的工资在剔除规定项目后，不得低于当地最低工资标准。下列不属于规定项目的是（　　）。

A. 延长工作时间工资

B. 中班、夜班、高温、低温、井下、有毒有害等特殊工作环境、条件下的津贴

C. 法律、法规和国家规定的劳动者福利待遇等

D. 年终奖金

9. 对怀孕（　　）个月以上的女职工，不得安排其延长工作时间和夜班劳动。

A. 3　　　　　　　B. 5　　　　　　　C. 8　　　　　　　D. 7

10. 未成年工的特殊保护规定了用人单位禁止招用未满（　　）周岁的未成年人。

A. 14　　　　　　　B. 16　　　　　　　C. 18　　　　　　　D. 20

11. 某矿山企业的如下工作安排中，不违反《劳动法》中关于劳动保护规定的是（　　）。

A. 安排怀孕4个月的李某夜班看护仪表

B. 未对未成年工进行定期健康检查

C. 安排女职工王某从事井下作业

D. 安排未成年工进行井下作业

12. 女职工禁忌从事体力劳动强度分级标准中规定的（　　）体力劳动强度的作业。

A. 第一级　　　　　B. 第二级　　　　　C. 第三级　　　　　D. 第四级

13. 在气温等于或高于（　　）℃时称为高温作业。

A. 30　　　　　　　B. 32　　　　　　　C. 35　　　　　　　D. 38

14. 粉尘侵入人体的途径最主要途径是（　　）。

A. 呼吸系统　　　B. 眼睛　　　　　C. 皮肤　　　　　D. 口腔

15. 在气温等于或低于（　　）℃时称为低温作业。

A. −5℃　　　　　　B. 0　　　　　　　C. 2　　　　　　　D. 5

16. 下列产生噪声污染中不属于机械噪声的是（　　）。

A. 纺织机　　　B. 鼓风机　　　C. 电锯　　　D. 冲床

17. 从事噪声作业应佩戴什么防护用品？（　　）

A. 工作服　　　B. 安全帽　　　C. 耳塞或耳罩　　　D. 口罩

18. 噪声级超过（　　）dB 工作场所，用人单位必须给劳动者配备耳塞（耳罩）或其他护耳用品。

A. 60　　　B. 70　　　C. 80　　　D. 90

19. 下列不属于防坠落劳动防护用品的是（　　）。

A. 安全网　　　B. 安全绳　　　C. 安全带　　　D. 安全帽

20. 下列关于劳动防护用品维护、更换及报废的规定错误的是（　　）。

A. 劳动防护用品应当按照要求妥善保存，及时更换

B. 劳动者应当对应急劳动防护用品进行经常性的维护、检修，定期检测劳动防护用品的性能和效果，保证其完好、有效

C. 用人单位应当按照劳动防护用品发放周期定期发放，对工作过程中损坏的，用人单位应及时更换

D. 安全帽、呼吸器、绝缘手套等安全性能要求高、易损耗的劳动防护用品，应当按照有效防护功能最低指标和有效使用期，到期强制报废

21. 劳动保护费是指企业购买职工在劳动中实际使用的（　　）等一切费用支出。

A. 劳动用品与保健用品　　　B. 劳动保险与劳动保障

C. 劳动保险与劳动用品　　　D. 劳动保险与保健用品

22. 施工单位生产工人的劳动保护费属于（　　）。

A. 直接工程的人工费　　　B. 措施费

C. 企业管理费中的保险费　　　D. 社会保险费

23. 下列不属于劳动保护费支出的是（　　）。

A. 工作服　　　B. 解毒剂　　　C. 培训费　　　D. 洗衣粉

24. 下列哪个工种的保健食品费用不能在劳动保护费中支出？（　　）

A. 矽尘作业　　　B. 沉箱作业　　　C. 高空作业　　　D. 高温作业

25. 对劳动合同的无效或者部分无效有争议的，由（　　）或者人民法院确认。

A. 劳动行政部门　　　B. 劳动监察机构

C. 劳动争议调解委员会　　　D. 劳动争议仲裁机构

26. 当劳动者一方当事人在（　　）人以上，且有共同理由的劳动争议，称为集体劳动争议。

A. 2　　　B. 3　　　C. 4　　　D. 5

27. 下列劳动争议调解委员会不能调解的劳动争议是（　　）。

A. 开除争议　　　B. 工资争议

C. 保险争议　　　D. 集体劳动合同争议

28. 劳动争议在起诉前必须经过（　　）程序，不能直接向人民法院起诉。

A. 协商　　　B. 调解　　　C. 调查　　　D. 仲裁

29. 劳动争议申请仲裁的时效期间为（　　）年。

A. 1   B. 2   C. 3   D. 5

30. 下列不属于劳动争议仲裁委员会成员组成的是（   ）。

A. 劳动行政部门代表   B. 司法部门代表

C. 工会代表   D. 企业方面代表

31. 发生劳动争议时应在（   ）起诉。

A. 用人单位所在地中级人民法院   B. 劳动争议当事人基层法院

C. 劳动合同履行地中级人民法院   D. 用人单位所在地基层法院

32. 法院受理劳动争议案件的必要满足下列条件，其中不正确是（   ）。

A. 起诉人必须是劳动争议的当事人，不能委托让他人

B. 必须是不服劳动争议仲裁委员会仲裁而向法院起诉

C. 必须有明确的被告、具体的诉讼请求和事实根据

D. 必须是劳动法律规定的时效内，否则不予受理

33. 发生劳动争议时，仲裁委员会作出终局裁决时，用人单位发现下列情形之一，可以向法院申请撤销裁决，其中不正确的是（   ）。

A. 裁决时适用法律、法规有错误的   B. 劳动争议仲裁委员会无管辖权的

C. 找出新的有力证据和证人   D. 裁决所根据的证据是伪造的

34. 用人单位制定的劳动规章制度违反法律、法规规定的，由劳动行政部门进行处罚，下列不正确的是（   ）。

A. 给予警告   B. 责令改正   C. 责令赔偿   D. 行政处罚

35. 根据我国《劳动合同法》的规定，用人单位安排加班不支付加班费的，由劳动行政部门责令限期支付；逾期不支付的，由劳动行政部门责令用人单位按应付金额（   ）的标准向劳动者加付赔偿金。

A. 百分之五十以上百分之一百以下   B. 百分之五十

C. 百分之一百   D. 百分之一百以下

36. 企业劳动安全设施和劳动卫生条件不符合国家规定，劳动行政部门处罚错误的是（   ）。

A. 责令改正   B. 罚款   C. 停产整顿   D. 追究刑事责任

37. 用人单位强令劳动者违章冒险作业，发生重大伤亡事故，造成严重后果的，对责任人员依法追究（   ）。

A. 行政责任   B. 领导责任   C. 赔偿责任   D. 刑事责任

38. 用人单位非法招用未满十六周岁的未成年人，由劳动行政部门责令改正，处以罚款；情节严重的，（   ）。

A. 由劳动行政部门责令停业，加倍罚款

B. 由工商行政管理部门吊销营业执照

C. 由工商行政管理部门责令停业，加倍罚款

D. 由业务主管部门责令停业，加倍罚款

39. 对怀孕 7 个月以上的女职工，用人单位延长其劳动时间或者安排夜班劳动，由县级以上人民政府人力资源社会保障行政部门责令限期改正，按照受侵害女职工每人（   ）的标准计算，处以罚款。

A. 2000 元以上 5000 元以下　　　　B. 3000 元以上 5000 元以下

C. 1000 元以上 5000 元以下　　　　D. 1000 元以上 3000 元以下

40. 用人单位安排孕期、哺乳期女职工从事相关禁忌劳动的，由县级以上人民政府安全生产监督管理部门责令限期治理，处（　　　）的罚款；情节严重的，责令停止有关作业，或者提请有关人民政府按照国务院规定的权限责令关闭。

A. 3 万元以上 5 万元以下　　　　B. 5 万元以上 10 万元以下

C. 5 万元以上 20 万元以下　　　　D. 5 万元以上 30 万元以下

41. 以下除（　　　）外，均是因用人单位原因导致劳动合同被确认为无效，且给劳动者造成了损害，用人单位应对劳动者承担赔偿责任。

A. 以欺诈、胁迫的手段使劳动者在违背真实意思的情况下订立劳动合同

B. 用人单位以乘人之危，迫使劳动者变更劳动合同

C. 用人单位在劳动合同中免除自己的法定责任、排除劳动者权利

D. 用人单位未依法为劳动者缴纳社会保险费

42. 用人单位招用尚未解除劳动合同的劳动者，对原用人单位造成经济损失的，该用人单位应当依法承担（　　　）。

A. 连带赔偿责任　　　　B. 间接赔偿责任

C. 主要赔偿责任　　　　D. 全部赔偿责任

（二）多项选择题

1. 在正常情况下用人单位要延长劳动者工作时间，按照《劳动法》的规定，需具备（　　　）条件。

A. 生产经营需要　　　　B. 与工会协商，并取得同意

C. 与劳动者协商，并取得同意　　　　D. 与部门领导协商，并取得同意

E. 经单位领导批准

2. 安全技术措施计划项目范围包括以改善企业劳动条件、防止工伤事故和职业病为目的的一切技术措施。大致可分为（　　　）。

A. 安全技术措施　　　　B. 工业卫生技术措施

C. 安全防护措施　　　　D. 辅助房屋及设施

E. 宣传教育设施

3. 不得安排女职工在经期从事（　　　）的劳动。

A. 第二级冷水作业　　　　B. 第二级低温作业

C. 第二级体力劳动强度作业　　　　D. 第二级高处作业

E. 第二级噪声作业

4. 下列防尘技术措施属于建筑措施的有（　　　）。

A. 合理选择建筑物的位置　　　　B. 合理选择建筑物朝向

C. 优化建筑物的平面设计　　　　D. 优化建筑物内部设计

E. 优化建筑物剖面设计

5. 下列哪些属于作业人员使用的个人安全防护用品（　　　）。

A. 安全网　　　　B. 安全绳　　　　C. 安全带

D. 安全帽　　　　　E. 焊接面罩

6. 判断因劳动保护而支出的劳动保护费是否能够税前扣除的关键是（　　）。

A. 是物品而不是现金　　　　　　B. 购买的劳动保护用品是否是常用的

C. 是因工作需要而配备的　　　　D. 不是生活用品

E. 数量仅能满足工作需要

7. 在发生劳动争议时，劳动者有权提请（　　）调解和仲裁。

A. 工会　　　　　　　　　　　　B. 劳动争议调解委员会

C. 劳动社保部门　　　　　　　　D. 劳动争议仲裁委员会

E. 人民法院

8. 通过（　　）解决争议，可以节省时间，有利于日后继续交往合作，是当事人解决合同争议的首选方式。

A. 协商　　　　　B. 仲裁　　　　　C. 调解

D. 诉讼　　　　　E. 起诉

9. 有下列（　　）侵害劳动者合法权益情形之一的，由劳动行政部门责令支付劳动者的工资报酬，并可以责令用人单位按应付金额百分之五十以上百分之一百以下的标准向劳动者加付赔偿金。

A. 克扣或者无故拖欠劳动者工资的

B. 拒不支付劳动者延长工作时间工资报酬的

C. 低于当地最低工资标准支付劳动者工资的

D. 解除劳动合同后，未依照劳动法规定给予劳动者经济补偿的

E. 安排怀孕 7 个月以上的女职工夜班工作

10. 用人单位由下列（　　）行为之一，由公安机关对责任人员处以十五日以下拘留、罚款或者警告；构成犯罪的，对责任人员依法追究刑事责任。

A. 以暴力、威胁的手段强迫劳动

B. 强令劳动者违章冒险作业

C. 以非法限制人身自由的手段强迫劳动

D. 侮辱、体罚、殴打劳动者

E. 非法搜查和拘禁劳动者

（三）判断题（正确填 A，错误填 B）

1.《劳动法》规定用人单位应当保证劳动者每周至少休息 2 日。　　　（　　）

2. 职工在年休假期间享受与正常工作期间的基本工资。　　　　　　　（　　）

3. 从事特种作业的人员必须经过业务培训，考试合格后方能上岗作业。　（　　）

4. 全技术措施计划应纳入企业生产经营财务计划中。　　　　　　　　（　　）

5. 不得安排女职工在哺乳未满 1 周岁的婴儿期间从事国家规定的第 3 级体力劳动强度的劳动和哺乳期禁忌从事的其他劳动。　　　　　　　　　　　　　（　　）

6. 未成年工是指未满 16 周岁的劳动者。　　　　　　　　　　　　　（　　）

7. 振动对人体的危害分为全身振动危害和局部振动危害。　　　　　　（　　）

8. 噪声污染是一种物理污染。　　　　　　　　　　　　　　　　　　（　　）

9. 用人单位应当安排专项经费用于配备劳动防护用品，可以用货币替代。　　　（　　）

10. 用人单位使用的劳务派遣工、接纳的实习学生应当纳入本单位人员统一管理，并配备相应的劳动防护用品。　　　（　　）

11. 劳动保护费税前扣除没有限额限制。　　　（　　）

12. 劳动保护用品有职工生活用品。　　　（　　）

13. 劳动争议仲裁不收费。　　　（　　）

14. 发生劳动争议，当事人有责任为自己提出的主张提供证据。　　　（　　）

15. 劳动争议经调解委员会调解后，调解协议具有强制执行力。　　　（　　）

16. 经仲裁庭审查，和解协议程序和内容合法有效的，仲裁庭可以将其作为证据使用。　　　（　　）

17. 《劳动者权益保护法》对职工伤亡和职业病的确定及处理规定处理原则是用人单位不管自己主观上是否有过错，都应承担相应的法律责任。　　　（　　）

18. 用人单位无故不缴纳社会保险费的，由劳动行政部门责令其限期缴纳；逾期不缴的，可以加收滞纳金。　　　（　　）

19. 劳动合同确认无效，责任主体是用人单位。　　　（　　）

20. 用人单位违反劳动法的责任包括民事责任和刑事责任。　　　（　　）

（四）案例分析题

某建筑工人赵某因不服公司扣发奖金向人民法院提起诉讼。赵某诉称：因天气多雨，公司决定在郊区施工现场外建一座堤坝以防洪水，要求全部职工加班加点。赵某因父母回老家，家中有一弟弟要参加当年高考，必须有人照顾，所以不能加班。向公司提出不加班的请求后，公司便没有安排他加班。但此后，公司却以赵某不服从工作纪律、影响工作秩序为由，扣发赵某半年奖金。赵某不服，申请仲裁，但仲裁委员会裁定公司对赵某的处罚正确，故对赵某的申请不予支持。赵某因此要求法院予以公断。公司辩称：本地区暴雨成灾。因项目现场建在山谷中，为防止山洪袭击施工现场，决定在施工现场之外修建一条防洪坝。而为不影响施工进度，公司决定全部职工都加班加点抢修堤坝。当时，公司预计加班 15 天，每天加班约 4 小时。据此，公司向市总工会作了请示，市总工会同意公司的请求。但是，赵某不服从调度，以必须回家照顾将参加高考的弟弟为借口，拒不加班，公司于是没有强迫赵某加班。而经公司调查，赵某并没有真正去照顾其将参加高考的弟弟，而是回去与男友约会、谈恋爱。为此，公司曾找赵某谈过话，但赵某不承认自己是去约会了。公司共计安排全部职工加班 23 天，都按规定发给了加班费和夜餐补助费。由于赵某一次也没加班，公司鉴于她的工作表现，经研究并征求了工会意见，决定扣发赵某半年奖金。经调查查明，案件事实与建筑公司所述一致。法院裁定驳回赵某诉讼请求。

1. 法院的裁决是正确的。（　　）（判断题，正确填 A，错误填 B）

2. 用人单位由于生产经营需要，经与工会和劳动者协商可以延长工作时间，一般每日不得超过（　　）h。因特殊原因需要延长工作时间的，在保障劳动者身体健康的条件下延长工作时间每日不得超过（　　）h，但是每月不得超过（　　）h。（单项选择题）

A. 1　　3　　36　　　　　　　　　B. 2　　4　　40

C. 3　　5　　44　　　　　　　　　D. 4　　6　　48

3. 公司延长工作时间的行为符合有关法律。（　　）（判断题，正确填 A，错误填 B）

4. 以下哪些情况（　　），劳动者可以拒绝延长工作时间。（多项选择题）

A. 加班超过规定时间　　　　　　B. 发生洪水灾害，威胁他人生命和财产安全

C. 劳动者患病　　　　　　　　　D. 紧急国防项目需赶工

E. 劳动者家庭成员确需劳动者照顾

5. 公司在组织职工加班时，正好有一天是中秋节，那中秋节这一天的加班费应按正常工作时间工资的（　　）发放。（单项选择题）

A. 150%　　　　B. 200%　　　　C. 250%　　　　D. 300%

第7章　流动人口管理的相关规定

（一）单项选择题

1. 在对流动人口的管理中，打击火车站及列车上的违法犯罪活动属于（　　）的职责范围。

A. 公安机关　　　B. 司法行政部门　　C. 铁道部门　　　D. 交通部门

2.《租赁房屋治安管理规定》第九条第 2 项规定：对将房屋出租给无合法有效证件承租人的，处以警告、月租金（　　）倍以下的罚款。

A. 一　　　　　　B. 二　　　　　　C. 三　　　　　　D. 五

3. 流动人口社会保障，是指流动人口（　　），对外来流动人口提供的社会保障。

A. 所在地　　　　B. 户籍地　　　　C. 流出地　　　　D. 出生地

4. 对于流动人口的管理要向（　　）管理的转变。

A. 控制型　　　　B. 服务型　　　　C. 整治型　　　　D. 限制型

5. 目前我国已初步形成的社会保障体系框架是以（　　）人口为基础的。

A. 农村　　　　　B. 流动　　　　　C. 城镇　　　　　D. 全部

6. 用人单位未参加工伤保险的，农民工受到事故伤害或患职业病后，在（　　）进行工伤认定、劳动能力鉴定。

A. 用人单位注册地　　　　　　　B. 生产经营地

C. 农民工户籍所在地　　　　　　D. 任意地点

7. 我国现行的《失业保险条例》规定，用工单位要按个人工资总额的（　　）为农民工缴纳失业保险费。

A. 5%　　　　　B. 0.5%　　　　C. 1%　　　　　D. 2%

8. 参加基本养老保险，达到待遇领取年龄但缴费年限不满 15 年，没有参加新型农村社会养老保险的，参照（　　）标准，一次性支付其个人账户养老金。

A. 政府人员　　　B. 城镇同类人员　　C. 农村同类人员　　D. 无业人员

9.《就业失业登记证》中的记载信息在（　　）有效。

A. 全国范围　　　　　　　　　　B. 流动人口所在地

C. 流动人口户籍地　　　　　　　　　D. 用人单位注册地

10. 用人单位可凭所招用流动人员持有的（　　）申请享受企业吸纳税收优惠政策。

A.《就业登记证》　　　　　　　　　B.《失业登记证》

C.《就业失业登记证》　　　　　　　D. 身份证

11. 对跨省流动的农民工，（　　）伤残长期待遇的支付，可试行一次性支付和长期支付两种方式，供农民工选择。

A. 1～10 级　　　　B. 2 级　　　　C. 4 级以下　　　　D. 4 级以上

12. 负责对流动人口收容遣送工作的主要责任部门是（　　）。

A. 公安部门　　　　B. 民政部门　　　　C. 劳动部门　　　　D. 当地党、团组织

13. 在对流动人口的管理上，下列哪一项不是公安机关的主要责任：（　　）。

A. 办理暂住户口登记，签发和查验"暂住证"

B. 对出租房屋、施工工地、路边店、集贸市场、文化娱乐场所等流动人口的落脚点和活动场所进行治安整顿和治安管理

C. 依法严厉打击流窜犯罪活动，建立健全社会治安防范网络

D. 打击车站、码头、火车、汽车、轮船上的违法犯罪活动

14. 工商行政管理部门主要负责对外来人员的（　　）管理。

A. 个体经营活动

B. 办理外来人员就业证

C. 对用人单位和职业介绍机构遵守有关法规的情况进行监察

D. 对外来人员进行职业道德和法制宣传教育、法律服务和纠纷调解工作

15. 对出租房屋，而不按规定申报登记住宿人户口的，依照（　　）规定进行行政处罚。

A.《暂住证申领办法》　　　　　　　B.《中华人民共和国治安管理处罚条例》

C.《租赁房屋治安管理规定》　　　　D.《中华人民共和国行政许可法》

16.《租赁房屋治安管理规定》：对将房屋出租给无合法有效证件承租人的，给予（　　）的处罚。

A. 警告　　　　B. 罚款　　　　C. 警告或罚款　　　　D. 警告和罚款

17.《流动人口计划生育工作条例规定》，流动人口未办理婚育证明或逾期仍不补办的，由流动人口现居住地的乡（镇）人民政府或者街道办事处予以（　　）。

A. 批评教育　　　　B. 警告　　　　C. 罚款　　　　D. 处分

18.《暂住证申领办法》第十四条第 3 项规定：对雇佣无暂住人员的法定代表人或者直接责任人，处以（　　）以下罚款或者警告。

A. 500 元　　　　B. 1000 元　　　　C. 1500 元　　　　D. 2000 元

（二）多项选择题

1. 建设部门对流动人口管理的主要职责是（　　）。

A. 对单位招用外地人员、个人流动就业进行调控和管理

B. 负责对成建制施工队伍和工地的管理以及流动人口聚集地的规划管理

C. 负责小城镇的开发建设，促进农村剩余劳动力的就地就近转移

D. 负责对房屋出租的管理和市容、环境卫生监察

E. 与有关部门一起疏导"民工潮"

2. 流动人口的社会保障应当具有（　　　）的特点。

A. 可携带性　　　B. 流动性　　　C. 流通性

D. 固定性　　　　E. 地方性

3. 劳动和社会保障部要求各地按照（　　　）的原则，制定和完善农民工参加医疗保险的办法。

A. 低费率　　　　B. 保大病　　　C. 保当期

D. 以用人单位缴费为主　　　　E. 农民工共同负担

4. 参加新型农村社会养老保险的对象应为（　　　）的农村居民。

A. 年满 16 周岁　　B. 年满 18 周岁　　C. 在校学生

D. 不是在校学生　　E. 未参加城镇职工基本养老保险

5. 流动人员从事生产经营活动必须按照（　　　）的要求办理相关证件。

A.《中央社会治安综合治理委员会关于进一步加强流动人口服务和管理工作的意见》

B.《城乡个体工商户管理暂行条例》

C.《合伙企业法》

D.《公司法》

E.《就业促进法》

6. 在对流动人口管理的责任分工中，负责或者协助疏导"民工潮"的部门有：（　　　）。

A. 公安机关　　　B. 劳动部门　　　C. 民政部门

D. 铁道部门　　　E. 交通部门

（三）判断题（正确填 A，错误填 B）

1. 劳动者持有的《就业失业登记证》只享受当地政府规定的相关就业扶持政策。

（　　　）

2. 对于流动人口的管理要实现由政府部门管理服务的工作思路。　　　（　　　）

3. 流动人口权益保障体系的构建要遵循分类指导、快速推进的原则。　（　　　）

4. 劳动和社会保障部在立法上提出了农民工强制工伤保险的要求。　　（　　　）

5. 对跨省流动的农民工，1～4 级伤残长期待遇的支付，必须一次性支付。

（　　　）

6. 农民合同制工人本人不需要缴纳失业保险费。　　　　　　　　　　（　　　）

7. 流动人口如果就业后再次流动的，其养老保险可随时退保。　　　　（　　　）

8. 对流动人口经商的管理必须按照全国统一使用的法律法规。　　　　（　　　）

9. 为流动人口提供避孕药具和有关服务是卫生部门的主要职责。　　　（　　　）

10.《流动人口计划生育工作条例规定》已婚育龄妇女必须返回户籍所在地进行避孕节育情况检查。　　　　　　　　　　　　　　　　　　　　　　　　　　　　（　　　）

第8章　信访工作的基本知识

（一）单项选择题

1. 下列（　　）不能设立信访工作机构。

A. 县级人民政府　B. 市级人民政府　C. 乡镇级人民政府　D. 省级人民政府

2. 信访工作机制不包括（　　）。

A. 接待受理　　　　B. 安置信访人　　C. 信访处理　　　　D. 信访回访

3. 下列（　　）是属于信访机构的职责。

A. 交办信访人提出的信访事项　　　　B. 对信访人进行安抚工作

C. 用车接送信访人员　　　　　　　　D. 安排信访人员的吃住

4. 信访产生的法律依据是（　　）。

A. 刑法　　　　　　B. 行政诉讼法　　C. 宪法　　　　　　D. 民法

5. 关于信访工作，下列正确的说法是（　　）。

A. 信访事项必须以书面形式提出

B. 各级信访机构只负责本机构的信访工作

C. 信访按照属地管理、分级负责的原则进行

D. 上访人必须要有地方政府陪同

6. 信访机构工作人员因违法行为严重侵害信访人合法权益，且没通过（　　）等渠道予以纠正导致信访事项发生，应承担法律责任。

A. 行政复议、行政诉讼、经济处罚　　B. 行政复议、行政诉讼、行政赔偿

C. 救济赔偿、行政诉讼、法院起诉　　D. 民事仲裁、行政复议、经济赔偿

7. 行政机关工作人员打击报复信访人，构成犯罪的，依法（　　）。

A. 追究刑事责任　　B. 给予行政处分　C. 给予纪律处分　　D. 作出开除公职

8. 对信访机关在受理信访事项过程中违反信访条例，有下面（　　）情形的，对负责人或责任人给予行政处分。

A. 对收到的信访事项不按规定登记的

B. 对于不属于其法定职权范围的信访事项不受理的

C. 未在规定期限内书面告知信访人处理事项结果的

D. 行政机关不及时打电话通知信访人事项的

9. 信访机构工作人员将信访人的检举材料、（　　）或者有关情况透露给被检举人的，依法给予行政处分。

A. 隐私材料　　　　B. 揭发材料　　　C. 社会关系　　　　D. 家庭关系

10. 各级人民政府应当向社会公布信访机构的（　　）。

A. 通讯地址、电子邮箱、投诉电话　　B. 办公地址、企业邮箱、领导电话

C. 通讯地址、企业邮箱、领导电话　　D. 办公地址、电子邮箱、投诉电话

11. 各级人民政府应当在（　　）公布与信访工作相关的法律、法规等内容。

A. 广告媒体场所　　B. 广播电视台　　C. 大型公共场所　　D. 信访接待场所

12. 信访接待日制度是指信访人可以（　　）当面反映信访事项。

A. 在公布的接待日期和地点　　　　B. 在公布的接待日期和时间

C. 向公布的负责人或接待人　　　　D. 向政府信访机构负责人

13. 信访人不能对（　　）向有关行政机关提出信访事项。

A. 行政机关工作人员　　　　　　　B. 私营企业领导

C. 村民委员会领导　　　　　　　　D. 事业单位领导

14. 属于各级人民代表大会常务委员会职权范围的信访事项的是（　　）。

A. 对人民法院的生效判决不服的申诉

B. 对公安机关不予立案决定不服的申诉

C. 对人民法院、检察院工作的建议及意见

D. 对国家机关工作人员职务犯罪行为的检举

15. 多人采用走访形式提出共同信访事项的，应当推选代表，代表人数不得超过（　　）人。

A. 3　　　　　　　B. 5　　　　　　　C. 8　　　　　　　D. 10

16. 对于重大、紧急的信访事项，信访机构应当及时提出建议，报请（　　）决定。

A. 上级信访机构　　B. 本级人民政府　　C. 上级人民政府　　D. 下级人民政府

17. 信访事项涉及下级行政机关或其工作人员的，按照（　　）的原则，转送有权处理的行政机关。

A. 属级负责、各地管理、谁受理谁管理

B. 属地管理、分级负责、谁受理谁管理

C. 属地管理、分级负责、谁主管谁负责

D. 属级管理、分区负责、谁主管谁负责

18. 对转送信访事项中的重要情况需要反馈办理结果的，可以直接交给（　　）办理，要求其在指定办理期限内反馈结果，提交办结报告。

A. 有权处理的行政机关　　　　　　B. 信访接待负责人

C. 信访机构负责人　　　　　　　　D. 相关的人民政府

19. 有关行政机关收到信访事项后，正确的处理是（　　）。

A. 应当及时答复是否受理　　　　　B. 应当当场答复是否受理

C. 能当场答复的应当场答复　　　　D. 讨论研究后再答复

20. 不一定启动信访调查，不适用强制性程序的信访事项办理包括（　　）。

A. 提出的建议、意见类信访事项　　B. 对政府机关及工作人员的检举

C. 对法院检察院生效决定不服的申诉　D. 对公安机关不予立案的申诉

21. 对投诉类信访事项，如信访人对办理结果有意见的，还可以进行（　　）等申请救济。

A. 法院起诉　　　　B. 司法调解　　　　C. 仲裁解决　　　　D. 寻求复查

22. 信访调查是信访事项的办理机关在信访事项（　　），为了查明信访事项所涉及的基本事实，进行的一系列活动。

A. 登记后，受理决定前　　　　　　B. 受理后，办理决定前

C. 办理后，作出决定前　　　　　　D. 受理后，办理决定后

23. 信访调查时要表明（　　）的身份，以便工作开展。

A. 信访人　　　　B. 被信访人　　　　C. 调查人员　　　　D. 上级领导

24. 对于一般的信访调查，调查人员数量不得少于（　　）人。

A. 1　　　　　　B. 2　　　　　　　C. 3　　　　　　　D. 5

25. 对于重大、复杂、疑难的信访事项，可以通过（　　），查明事实，分清责任。

A. 听证会　　　　B. 论证会　　　　C. 研究会　　　　　D. 座谈会

26. 有权处理信访事项的行政机关经调查核实信访事项后，应当依照有关法律、法规等规定，分别作出处理意见，并要（　　）信访人。

A. 及时通知　　　B. 书面答复　　　C. 口头答复　　　　D. 及时回访

27. 信访人对信访事项复核机关复核的意见不服，仍然以同一事实和理由提出投诉的，各级信访机构和其他行政机关（　　）。

A. 不再受理　　　B. 必须重视　　　C. 重新受理　　　　D. 撤销受理

28. 对信访事项有权处理的行政机关，对信访事项必须（　　），按照法律、法规、规章等规定，分别作出处理。

A. 认真研究　　　B. 调查核实　　　C. 开会讨论　　　　D. 举手表决

29. 对信访事项作出处理意见的最高行政机关是（　　）。

A. 国务院　　　　B. 最高法院　　　C. 省级人民政府　　D. 国家信访总局

30. 信访人对行政机关信访处理不服的，可以自收到书面答复起（　　）天内请求原办理机关的上一级机关复查。

A. 10　　　　　　B. 20　　　　　　C. 30　　　　　　　D. 60

31. 信访复查机关在收到复查申请起 30 日内作出复查意见，并向（　　）作出复查的书面答复。

A. 信访人　　　　B. 原办理机关　　　C. 同级人民政府　　D. 上级人民政府

（二）多项选择题

1. 信访工作机构的职责包括（　　）。

A. 受理信访人的信访事项　　　　　B. 承办上级政府交办的事项

C. 检查信访事项的处理　　　　　　D. 指导下级信访机构工作

E. 向政府提出改进意见

2. 信访事项的受理责任形式包括（　　）。

A. 经济处罚　　　B. 警告处分　　　C. 记过处分

D. 降职处分　　　E. 内部通报

3. 下列（　　）应当建立行政机关负责人信访接待日制度。

A. 中央人民政府　B. 省人民政府　　C. 市人民政府

D. 县人民政府　　E. 乡镇人民政府

4. 信访人提出投诉请求应当载明信访人的（　　）。

A. 名称　　　　　B. 地址　　　　　C. 目的

D. 理由　　　　　E. 依据

5. 信访事项的受理程序包括（　　）。

A. 受理　　　　　B. 登记　　　　　C. 初步审查

D. 事实核定　　　E. 作出决定

6. 对于有严格程序和责任规定的信访事项办理，必须经过（　　　）等步骤。

A. 信访受理　　　B. 信访调查　　　C. 信访登记

D. 提出办理意见　E. 书面答复

7. 行政机关对信访请求（　　　），予以支持。

A. 事实清楚、符合法律规定的　　　　B. 事实清楚、符合法规规定的

C. 理由充分、符合法律规定的　　　　D. 理由充分、符合法规规定的

E. 事实清楚、符合规章规定的

（三）判断题（正确填 A，错误填 B）

1. 县级以上人民政府工作部门及乡镇人民政府应当按照有利工作、方便信访人的原则，确定信访工作机构或者人员，具体负责信访工作。　　　　　　　　　　　　（　　　）

2. 协调处理重要的信访事项是信访工作机构的职责之一。　　　　　　　　（　　　）

3. 在信访工作中的失职、渎职行为造成侵害信访人合法权益，应严格依照有关法律、法规和信访条例追究其刑事责任。　　　　　　　　　　　　　　　　　　　　　（　　　）

4. 信访工作人员将相关材料转给被检举人员或单位的，应承担相应的刑事责任。

　　　　　　　　　　　　　　　　　　　　　　　　　　　　　　　　　　　（　　　）

5. 信访中的下访制度是指政府机关领导下到基层，倾听群众意见的制度。　（　　　）

6. 信访人对提供公共服务的企业、事业单位及其工作人员有意见时，可以向有关行政机关提出信访事项。　　　　　　　　　　　　　　　　　　　　　　　　　　　（　　　）

7. 受理信访事项的行政机关分立、合并、撤销等情形的信访事项，由继续行使其职权的行政机关受理。　　　　　　　　　　　　　　　　　　　　　　　　　　　　（　　　）

8. 对已经或者依法通过诉讼、仲裁、行政复议等法定途径解决的，信访机构不予受理。　　　　　　　　　　　　　　　　　　　　　　　　　　　　　　　　　　　（　　　）

9. 对有投诉要求的信访事项，信访人对办理意见不服的，可以寻求复查、复核等申请救济。　　　　　　　　　　　　　　　　　　　　　　　　　　　　　　　　　　（　　　）

10. 信访调查的过程应当注意保守秘密、不能公开。　　　　　　　　　　（　　　）

11. 信访事项应当自受理之日起 90 日内办结，情况复杂的可以适当延长办理期限。

　　　　　　　　　　　　　　　　　　　　　　　　　　　　　　　　　　　（　　　）

12. 如果信访处理意见决定是终局裁决，依照法律规定，信访程序终结。　（　　　）

13. 信访事项请求事由合理但缺乏法律依据的，信访机构应无条件注销办理。（　　　）

14. 对于信访事项请求缺乏事实或不符合法律、法规等规定的，应先受理再具体调查、办理。　　　　　　　　　　　　　　　　　　　　　　　　　　　　　　　　（　　　）

（四）案例分析题

1988 年，王某从原籍迁入 A 村，安家落户，户口性质为农业户口。原告迁入后，A村按全村人均占地面积给原告分配了粮田及自留用，同时王某亦按规定向 A 村交纳了各种税费，并享有与其他村民同等的权利，同时也承担相应的义务。2001 年春季，因需要，

A 村的土地被征用，A 村村委研究用土地补偿金为村民供应粮油，但是不同意向王某供应粮油，并以书面通知形式告知了王某。王某不服，到 A 村所在地的 B 镇镇政府上访，要求解决问题，镇政府以信访答复意见书的名义，对 A 村村委的决定予以确认，并建议王某如对该答复意见不服，可诉诸法律。其后，王某以 B 镇镇政府为被告，向法院提起诉讼。根据以上情况，回答下列问题。

1. 按照我国《信访条例》规定，B 镇人民政府不能设立信访工作机构。（　　）（判断题，正确填 A，错误填 B）

2. 信访工作机构作出的处理意见要以（　　）形式通知信访人。（单项选择题）

A. 广播　　　　　　B. 电话　　　　　　C. 书面　　　　　　D. 口头

3. B 镇政府在信访答复意见书中不能出现"建议王某如对意见不服的可诉诸法律"的说法。（　　）（判断题，正确填 A，错误填 B）

4. 乡、镇人民政府应当建立行政机关负责人（　　）制度，由行政机关负责人协调处理信访事项。（单项选择题）

A. 信访接待日　　B. 工作例会日　　C. 统一协调日　　D. 信访处理日

5. 本案例中，王某对镇政府答复意见不服的，可以向（　　）提出投诉。（多项选择题）

A. 县级人民政府　　B. 县级信访机构　　C. 市级人民政府

D. 市级信访机构　　E. 省级人民政府

第 9 章　人力资源开发及管理的基本知识

（一）单项选择题：

1. 在人力资源规划中，对骨干人员的培养和使用方案属于业务计划中的（　　）。

A. 配备计划　　　B. 发展计划　　　C. 开发计划　　　D. 职业计划

2. 人力资源是企业的（　　）资源。

A. 首要　　　　　B. 重要　　　　　C. 第一　　　　　D. 关键

3. 根据生产任务和生产人员的劳动效率计算生产定员人数，主要适用于（　　）岗位或工种。

A. 辅助人员　　　B. 操作人员　　　C. 服务人员　　　D. 确定劳动定额

4. 人力资源规划属于人力资源管理活动中的（　　）层次。

A. 基础　　　　　B. 操作　　　　　C. 组织　　　　　D. 控制

5. 招聘与选拔、培训管理、绩效考评、薪酬体系等环节都属于人力资源管理活动中的（　　）层次。

A. 基础　　　　　B. 操作　　　　　C. 组织　　　　　D. 控制

6. "用人之长，避人之短"，按照不同的职位，选用适合的员工，各展所能，人尽其才。这是遵循了人力资源管理中的（　　）原理。

A. 投资增值　　　B. 激励强化　　　C. 个体差异　　　D. 动态适应

7. 美国行为科学家沙因归纳提出了"（　　）种人性假设理论"。

A. 二　　　　　　B. 三　　　　　　C. 四　　　　　　D. 五

8. 美国行为科学家麦格雷戈提出了"（　　　）"。

A. A 理论-B 理论　B. E 理论-F 理论　C. I 理论-L 理论　　　D. X 理论-Y 理论

9. 马斯洛的需要层次理论从低到高分为：（　　　）。

A. 安全的需要、生理的需要、社交的需要、尊重的需要和自我实现的需要

B. 生理的需要、安全的需要、社交的需要、尊重的需要和自我实现的需要

C. 生理的需要、安全的需要、尊重的需要、社交的需要和自我实现的需要

D. 安全的需要、生理的需要、尊重的需要、社交的需要和自我实现的需要

10. 企业的人力资源保障是人力资源计划中应解决的（　　　）。

A. 关键　　　　　　B. 基础　　　　　　C. 重点　　　　　　D. 核心

11. 骨干人员的培养和使用方案属于人力资源业务计划中的（　　　）。

A. 配备计划　　　B. 使用计划　　　C. 培训开发计划　　　D. 职业计划

12. 陈述企业中、长期内不同职务、部门和工作类型的人员分布、职务变动、空缺数量等的方案属于人力资源业务计划中的（　　　）。

A. 配备计划　　　B. 使用计划　　　C. 劳动关系计划　　D. 职业计划

13. 人力资源（　　　）工作成功的关键在于岗位分析。

A. 开发　　　　　　B. 控制　　　　　　C. 规划　　　　　　D. 组织

14. （　　　）是人力资源管理的第一环节。

A. 招聘　　　　　　B. 使用　　　　　　C. 开发　　　　　　D. 培训

15. 以下哪一条是内部招聘可能会产生不足：（　　　）。

A. 不有利于员工的职业发展　　　　B. 增加招聘成本

C. 可能会加大人力成本　　　　　　D. 容易抑制创新，缺少活力

16. 下列哪类人员不适合采用外部招聘的方式：（　　　）。

A. 补充初级岗位　　　　　　　　　B. 获取现有员工不具备的技术

C. 选拔高级职位　　　　　　　　　D. 获得能够提供新思想的员工

17. 招聘时，甄选考核应兼顾诸方面因素，做到以（　　　）为先。

A. 德　　　　　　B. 才　　　　　　C. 能　　　　　　D. 劳

18. 以下哪一个因素不是因企业而提出的员工内部调动：（　　　）。

A. 适应组织结构调整的需要　　　　B. 使晋升渠道保持畅通

C. 有效缓解劳动关系冲突　　　　　D. 满足员工的个人意愿

19. （　　　）属于员工非自愿流出。

A. 辞职　　　　　B. 提前退休　　　C. 死亡　　　　　D. 退休

20. 美国学者卡茨提出了一种妥善处理员工离职问题的（　　　）方法。

A. 体谅-沟通-协调-完善　　　　　B. 体谅-协调-沟通-完善

C. 沟通-体谅-协调-完善　　　　　D. 体谅-协调-沟通

21. 企业在作出解聘或开除决定时，要保证（　　　）原则。

A. 效益　　　　　B. 公平　　　　　C. 慎重　　　　　D. 满意

22. （　　　）属于员工自然流出。

A. 辞职　　　　B. 退休　　　　C. 解雇　　　　D. 提前退休

23. 人力资源配置计划的第一步是（ ）。

A. 确认所需配置的岗位   B. 公布岗位信息

C. 人员申请   D. 修订配置计划

24. 就施工项目而言，人力资源的配置依据是（ ）。

A. 人力资源需求计划   B. 施工进度计划

C. 员工职业规划   D. 企业发展计划

25. 衡量人力资源优化配置的最终目标是（ ）。

A. 结构合理   B. 协调一致   C. 素质胜任   D. 效益提高

26. 在施工中不断进行劳动力平衡、调整，解决施工要求与劳动力数量、工种、技术能力、相互配合中存在的矛盾，这是（ ）的职责。

A. 劳务管理部门   B. 生产管理部门   C. 项目经理部   D. 劳务企业

27. 对劳务分包队伍进行考核评价应由（ ）组织开展。

A. 项目经理部   B. 生产管理部门   C. 劳务管理部门   D. 经营管理部门

28. 在劳务人员动态管理中起主导作用的是（ ）。

A. 劳务管理部门   B. 生产管理部门   C. 项目经理部   D. 劳务企业

29. 在员工职位得到晋升时，一般都需要对其进行（ ）培训。

A. 入职   B. 强化   C. 提升   D. 转岗

30. 一般采用一对一培训方式的员工对象多为（ ）。

A. 企业中高层   B. 企业高层   C. 专业技术人员   D. 高级技术工人

31. 目前，为了适应工作现状，在培训方式上采用（ ）培训是培训发展的一个必然趋势。

A. 集中   B. 一对一   C. 网络   D. 户外

32. 参加初级职业技能鉴定的人员申报条件为（ ）。

A. 学徒期满的职工   B. 学校毕业生

C. 从事生产作业 5 年   D. 没有条件

33. 职业技能鉴定后，由（ ）验印核发证书。

A. 职业技能鉴定所（站）   B. 所在企业

C. 建设局   D. 劳动保障部门

34. 对选用无相应职业资格证书的劳务人员从事技术工种工作的用人单位，可以处（ ）元以下罚款。

A. 1000   B. 500   C. 5000   D. 2000

35. 培训流程管理中的第一步是（ ）。

A. 制定培训计划   B. 分析培训需求

C. 落实培训前准备工作   D. 通知培训学员

36. 针对新安全生产法的实施，某企业制定了相关的（ ）培训计划。

A. 年度   B. 专项   C. 部门   D. 项目部

37. 对广大农民工的岗位培训主要由（ ）部门出资解决。

A. 政府   B. 企业   C. 个人   D. 行业协会

38. 在培训课程刚结束的时候，了解学员对培训项目的主观感觉和满意程度，称为培训后的（　　）评估。

    A. 学习　　　　　　　B. 反应　　　　　　　C. 行为　　　　　　　D. 结果

39. 在培训过程管理中，培训结束后接着要做的工作是（　　）。

    A. 培训意见　　　　　B. 培训建议　　　　　C. 培训评估　　　　　D. 培训总结

40. 在绩效管理中，（　　）部分是管理活动的核心环节。

    A. 绩效计划　　　　　B. 绩效跟进　　　　　C. 绩效考核　　　　　D. 绩效反馈

41. 文化水平、工作经历等属于绩效考核中对（　　）考核内容的范畴。

    A. 工作态度　　　　　B. 工作能力　　　　　C. 工作业绩　　　　　D. 工作过程

42. （　　）是绩效考核的中心内容。

    A. 工作态度　　　　　B. 工作能力　　　　　C. 工作业绩　　　　　D. 工作过程

43. 能使组织快速而全面考查经营状态的评估指标的绩效考核方法是（　　）。

    A. 关键绩效指标法　　　　　　　　　　B. 360 度绩效评估法

    C. 书面叙述法　　　　　　　　　　　　D. 平衡记分卡法

44. 在绩效考核中通常所称的 KPI 考核法指的是（　　）。

    A. 关键绩效指标法　　　　　　　　　　B. 360 度绩效评估法

    C. 书面叙述法　　　　　　　　　　　　D. 平衡记分卡法

45. 把定性考核和定量考核结合起来的绩效考核方法称为（　　）。

    A. 书面描述法　　　　B. 要素评定法　　　C. 目标管理法　　　D. 强制分配法

46. 基础薪酬是指（　　）。

    A. 奖金　　　　　　　B. 津贴　　　　　　　C. 工资　　　　　　　D. 提成工资

47. 企业为员工提供的福利与服务应划归为（　　）。

    A. 货币报酬　　　　　B. 基础薪酬　　　　　C. 可变薪酬　　　　　D. 间接薪酬

48. 能满足员工生活保障等方面的物质需求体现了薪酬管理中（　　）的作用。

    A. 需要型因素　　　　B. 保健型因素　　　C. 激励型因素　　　D. 期望型因素

49. 完善的薪酬体系能够更好地发挥（　　）的作用，可以吸引和留住优秀的人才，充分发挥员工的潜能。

    A. 需要型因素　　　　B. 保健型因素　　　C. 激励型因素　　　D. 期望型因素

50. 薪酬管理的原则之一是对内具有公正性，即要支付相当于员工（　　）的薪酬。

    A. 工作价值　　　　　B. 学历水平　　　　C. 工作态度　　　　D. 工作业绩

51. 员工获得的薪酬应与其付出成正比，称为（　　）。

    A. 客观公平　　　　　B. 自我公平　　　　C. 内部公平　　　　D. 外部公平

52. 在薪酬管理所要达到的目标中，下列哪一个是基本要求：（　　）。

    A. 效率目标　　　　　B. 公平目标　　　　C. 合法目标　　　　D. 发展目标

53. 如何给员工提供个人成长、工作成就感、良好的职业预期和就业能力的管理，属于薪酬管理内容中的（　　）。

    A. 目标管理　　　　　B. 体系管理　　　　C. 结构管理　　　　D. 制度管理

54. 正确划分合理的薪级和薪等，确定合理的级差和等差，是薪酬管理中（　　）的内容。

    A. 目标管理　　　　　B. 体系管理　　　　C. 结构管理　　　　D. 水平管理

55. 基于绩效的薪酬模式比较适合（　　）岗位。

A. 职能管理　　　　B. 专业技术　　　　C. 营销人员　　　　D. 企业核心人员

56. 操作起来比较简单易行的薪酬模式是（　　）。

A. 基于岗位的薪酬模式　　　　　　　B. 基于技能的薪酬模式

C. 基于绩效的薪酬模式　　　　　　　D. 基于市场的薪酬模式

57. 下列哪种薪酬模式可能会使员工为获得职位晋升采取任何方式：（　　）。

A. 基于岗位的薪酬模式　　　　　　　B. 基于技能的薪酬模式

C. 基于年功的薪酬模式　　　　　　　D. 基于市场的薪酬模式

58. 基于技能的薪酬模式，其优点之一在于使员工注重能力的提升，促进员工在工作中更偏向于（　　）。

A. 独立　　　　　　B. 竞争　　　　　　C. 自我　　　　　　D. 合作

59. 企业核心人员一般采用基于（　　）的薪酬模式。

A. 岗位　　　　　　B. 绩效　　　　　　C. 年功　　　　　　D. 市场

60. 采用基于市场的薪酬模式可能会（　　）内部薪酬差距。

A. 加大　　　　　　B. 缩小　　　　　　C. 平衡　　　　　　D. 保持

61. 过去的中国国有企业在工资制度的设定上，多采用（　　）。

A. 基于岗位的薪酬模式　　　　　　　B. 基于技能的薪酬模式

C. 基于年功的薪酬模式　　　　　　　D. 基于市场的薪酬模式

62. 在工资制度的设定上以论资排辈依据的薪酬方式是（　　）。

A. 基于岗位的薪酬模式　　　　　　　B. 基于技能的薪酬模式

C. 基于年功的薪酬模式　　　　　　　D. 基于市场的薪酬模式

63. 如果在培训中希望开展多项的交流、传递和沟通，一般不建议采取（　　）的培训方式。

A. 体验式　　　　　B. 提问式　　　　　C. 咨询式　　　　　D. 讲授式

64. 绩效考核中，出现比较早，也比较常用的方法是（　　）。

A. 业绩评定表法　　　　　　　　　　B. 行为锚定评价法

C. 行为观察比较法　　　　　　　　　D. 关键绩效指标法

（二）多项选择题

1. 薪酬管理应达到以下三个目标：（　　）。

A. 效率　　　　　　B. 公平　　　　　　C. 合法

D. 激励　　　　　　E. 竞争

2. 劳务人员优化配置的要求是：（　　）。

A. 市场需要　　　　B. 结构合理　　　　C. 协调一致

D. 素质匹配　　　　E. 效益提高

3. 对于企业而言，人力资源是指一定时期内，能够被企业所用，且对价值创造起贡献作用的（　　）等的总称。

A. 教育　　　　　　B. 技能　　　　　　C. 财力

D. 经验　　　　　　E. 体力

4. 人力资源管理，是指对人力资源的（　　　）等方面所进行的计划、组织、指挥、控制和协调等一系列管理过程。

A. 产生　　　　　　B. 取得　　　　　　C. 开发

D. 保持　　　　　　E. 利用

5. 人力资源管理，是指对人力资源的取得、开发、保持和利用等方面所进行的（　　　）等一系列管理过程。

A. 计划　　　　　　B. 开发　　　　　　C. 指挥

D. 利用　　　　　　E. 控制

6. 人力资源管理的基本原理中，互补合力原理的内容包括：（　　　）。

A. 知识互补　　　　B. 性别互补　　　　C. 能级互补

D. 经济互补　　　　E. 年龄互补

7. 双因素理论指的是（　　　）因素和（　　　）因素。

A. 激励　　　　　　B. 发展　　　　　　C. 保健

D. 公平　　　　　　E. 效价

8. 内部招聘具有以下哪些优势：（　　　）。

A. 有利于员工的职业发展，促进工作积极性

B. 容易激发创新，产生活力

C. 内部员工对企业熟悉，对新岗位、新职务的适应期更短

D. 可以简化招聘程序，节约招聘成本

E. 可以控制人力成本，减少培训期和相应的费用

9. 招聘甄选录用的原则是（　　　）。

A. 客观公正原则　　B. 德才兼备原则　　C. 用人所长原则

D. 利益双赢原则　　E. 合理使用原则

10. 下面哪种情况属于员工非自愿流出组织：（　　　）。

A. 解雇　　　　　　B. 开除　　　　　　C. 退休

D. 提前退休　　　　E. 死亡

11. 企业在作出解聘或开除决定时，要保证公平原则，包括（　　　）。

A. 结果公平　　　　B. 程序公平　　　　C. 机会公平

D. 效益公平　　　　E. 人际公平

12. 配备各岗位所需人员的数量时，要（　　　）的原则。

A. 高效　　　　　　B. 科学　　　　　　C. 精简

D. 平衡　　　　　　E. 合适

13. 职业技能鉴定的主要内容包括（　　　）三个方面。

A. 文化基础　　　　B. 安全知识　　　　C. 职业知识

D. 操作技能　　　　E. 职业道德

14. 培训计划的组成要素包括：（　　　）。

A. 培训调查　　　　B. 培训目的　　　　C. 培训者

D. 培训费用　　　　E. 培训目标

15. 选择内部师资进行培训的特点是：（　　　）。

A. 授课人责任心强

B. 培训具有针对性

C. 受组织现有状况的影响比较大，思维有惯性

D. 缺乏培训经验

E. 费用较高

16. 培训后评估的主要内容包括（   ）。

A. 反应评估   B. 学习评估   C. 行为评估

D. 结果评估   E. 过程评估

17. 企业培训开发决策的确立主要有两个依据：（   ）和（   ）。

A. 人员招聘结果   B. 工作分析结果   C. 绩效考评结果

D. 内部配置结果   E. 组织战略结果

18. 可变薪酬包括（   ）。

A. 奖金   B. 津贴   C. 工资   D. 提成工资

E. 福利

19. 员工对于分配公平的认知来自三个方面：（   ）、（   ）和（   ）。

A. 客观公平   B. 主观公平

C. 内部公平   D. 外部公平

E 自我公平

20. 薪酬水平管理的内容有：（   ）。

A. 内部一致性   B. 外部竞争性

C. 工作成就感   D. 合理的薪级

E. 合理的级差和等差

（三）判断题（正确填 A，错误填 B）

1. 人力资源培训的内容包括：知识培训、技能培训和态度培训。   （   ）

2. 广义的人力资源是指以人为载体的物质资源。   （   ）

3. 凡是智力正常的人都是人力资源。   （   ）

4. 社会人假设认为人类工作的目的只是为了获得报酬。   （   ）

5. 马斯洛的需要层次理论认为人的需要都有轻重层次之分，某一层次需要得到满足之后，另一层次需要才会出现。   （   ）

6. 岗位描述指与任职资格有关的信息。   （   ）

7. 企业在进行招聘录用时，外部招聘应先于内部调整。   （   ）

8. 晋升或降职是一种间接对员工工作业绩的激励手段。   （   ）

9. 在晋升选拔时，要依据标准化的可信的资料和领导的印象来筛选候选人。   （   ）

10. 我国现行法规明确企业可根据自身情况对员工采取提前退休政策。   （   ）

11. 施工项目部人员资源配置时应贯彻宽裕原则。   （   ）

12. 对使用的劳动力和劳务组织应该经常性地加以调整，使人员得以优化。   （   ）

13. 培训要立足于现在和未来两个方面的内容。   （   ）

14. 根据国家有关规定，特种作业人员必须保证 100% 持证上岗。   （   ）

15. 师带徒、现场技术指导、工作交底、绩效面谈均是一种机会式的培训。 （   ）

16. 无论哪一级别的职业技能鉴定，都可直接申请，无需逐级申报。 （   ）

17. 对选用无相应职业资格证书的劳务人员从事技术工种工作的用人单位，予以警告或经济处罚，二选其一。 （   ）

18. 培训需求分析的内容是根据组织需求和目前需求来确定。 （   ）

19. 培训评估，就是对培训的效果进行评价。 （   ）

20. 绩效计划是在绩效周期开始时进行，并贯穿整个绩效周期而不变。 （   ）

21. 绩效沟通可以是正式的与员工进行交流，也可以是非正式的，与员工随时交流。 （   ）

22. 在对员工工作能力进行绩效考核时，年龄和健康状况也是考核的内容。 （   ）

23. 360 度绩效评估法属于结果导向型绩效评估方法。 （   ）

24. 绩效反馈是在绩效考核之后所必须进行的一项管理活动。 （   ）

25. 薪资是指员工为企业提供劳动而得到的货币报酬与实物报酬的总和。 （   ）

26. 薪酬管理的原则之一是要对员工具有激励性，即要将全员的薪酬提到一个较高的水平。 （   ）

27. 企业在设立薪酬制度时，可根据企业实际效益情况，制定低于国家标准的最低工资。 （   ）

28. 创造组织所希望的文化氛围也是薪酬管理的目的之一。 （   ）

29. 薪酬决策应该对员工完全透明和公开化。 （   ）

30. 高技能的员工必定会有高的产出。 （   ）

31. 企业、部门、团队、个人的绩效均可以作为绩效薪酬模式的依据。 （   ）

第 10 章　财务管理的基本知识

（一）单项选择题

1. 费用按经济用途可分为（   ）。

A. 生产费用和间接费用　　　　　　　B. 生产费用和期间费用

C. 直接费用和期间费用　　　　　　　D. 直接费用和间接费用

2. 某企业购买一项商标权，支付价款 100 万元。根据会计准则及其相关规定。该商标权摊销金额应计入企业的（   ）。

A. 制造费用　　　B. 财务费用　　　C. 管理费用　　　D. 营业费用

3. 费用本质上是企业资源的流出，是资产的耗费，其目的是为了（   ）。

A. 取得收入　　　B. 减低成本　　　C. 增加权益　　　D. 减少负债

4. 下列各项中，不属于费用的是（   ）。

A. 经营性租出固定资产的折旧额

B. 成本模式计量的投资性房地产的摊销额

C. 企业发生的现金折扣

D. 出售固定资产发生的净损失

5. 下列各项中，不应计入销售费用的是（　　　）。

A. 已售商品预计保修费用

B. 为推广新产品而发生的广告费用

C. 随同商品出售且单独计价的包装物成本

D. 随同商品出售而不单独计价的包装物成本

6. 2011 年 12 月，某机械施工企业发生低值易耗品摊销 2 万元，根据企业会计准则及其相关规定，低值易耗品摊销属于（　　　）。

A. 资本性支出　　　　　　　　　B. 营业外支出

C. 工程成本　　　　　　　　　　D. 利润分配支出

7. 2011 年 8 月，某园林施工企业发生工程人工费 15 万元，根据企业会计准则及其相关规定，工程人工费属于（　　　）。

A. 工程成本　　　B. 营业外支出　　　C. 期间费用　　　D. 间接成本

8. 某建筑安装工程公司 2011 年 3 月发生施工费用如下：人工费 30 万元、耗用材料费用 50 万元，机械使用费用 10 万元，银行借款利息 5 万元 根据企业会计准则及其相关规定，则此项工程的直接费用是（　　　）。

A. 31 万元　　　　B. 50 万元　　　　C. 90 万元　　　　D. 95 万元

9. 某工程承包公司于 2011 年 12 月发生工程保修费 1 万元，根据企业会计准则及其相关规定。工程保修费属于企业的（　　　）。

A. 间接费用　　　B. 期间费用　　　C. 直接费用　　　D. 收益性支出

10. 某机电安装公司 2011 年 10 月发生施工材料费用 60 万元，人工费 5 万元，机械使用费用 2 万元，财产保险费 5 万元。根据企业会计准则及其相关规定，则此项工程成本是（　　　）。

A. 30 万元　　　　B. 65 万元　　　　C. 90 万元　　　　D. 95 万元

11. 某企业购入一台设备，价款为 20000 元，增值税额为 3400 元，使用年限为 8 年。根据企业会计准则及其相关规定。该设备的实际成本为（　　　）。

A. 23400 元　　　B. 20000 元　　　C. 16600 元　　　D. 3400 元

12. 期间费用与施工生产经营的关系是（　　　）。

A. 有直接联系　　　　　　　　　B. 没有直接联系

C. 存在部分的直接联系　　　　　D. 视具体情况而定

13. 2013 年 3 月，某工程施工企业发生管理费用 3 万元。根据企业会计准则及其相关规定，管理费用属于（　　　）。

A. 期间费用支出　　B. 资本性支出　　C. 营业外支出　　D. 直接费支出

14. 某建筑公司 2011 年 12 月派管理人员去外地签订建造合，同时发生差旅费等相关费用共计 1 万元。根据相关规定、差旅等相关费用属于企业的（　　　）。

A. 间接费用　　　B. 期间费用　　　C. 其他直接均用　　　D. 营业外支出

15. 某建筑劳务公司于 2012 年 11 月发生工程人员劳动保护费 2 万元，相关规定，工程人员劳动保护费计入企业的（　　　）。

A. 间接费用　　　B. 期间费用　　　C. 直接费用　　　D. 资本性支出

16. 2012 年 4 月，某水电施工企业应支付利息 5 万元。根据企业会计准则及其相关规定，应支付利息属于（　　）。

    A. 汇兑损失   B. 营业外支出   C. 期间费用   D. 间接成本

17. 金融企业发放贷，贷款取得的收入属于（　　）。

    A. 销售商品收入   B. 提供劳务收入

    C. 让渡资产使用权收入   D. 建造合同收入

18. 下列收入的说法正确的是（　　）。

    A. 建筑业企业的主营业务收入是提供劳务收入

    B. 设计业务取得的收入是提供劳务收入

    C. 金融企业发放贷款取得的收入是销售商品收入

    D. 机械作业收入应列入建造（施工）合同收入

19. 企业销售需要安装的商品时，若安装属于商品销售合同约定的卖方责任，则确认商品销售收入的时间应是（　　）。

    A. 购货方首次付款时

    B. 收到最后一笔销售货款时

    C. 商品运到并开始安装时

    D. 商品安装完毕并检验合格时

20. 施工企业销售自行加工的商品混凝土的收入属于（　　）收入。

    A. 产品销售   B. 施工合同   C. 材料销售   D. 提供劳务

21. 在一个会计年度内完成的施工承包合同，应在（　　）确认合同收入。

    A. 资产负债表日   B. 合同完成时   C. 合同完成年末   D. 合同规定的时期

22. 下列有关建造合同收入的确认与计量的表述中，不正确的是（　　）。

    A. 合同变更形成的收入应当计入合同收入

    B. 工程索赔、奖励形成的收入应当计入合同收入

    C. 建造合同的结果不能可靠估计但合同成本能够收回的，按能够收回的实际合同成本的金额确认合同收入

    D. 建造合同预计总成本超过合同预计总收入时，应将预计损失确认为当期营业外支出

23. 下列有关建造合同收入和成本内容的表述不正确的是（　　）。

    A. 建造合同收入包括合同中规定的初始收入和因合同变更、索赔、奖励等形成的收入

    B. 因合同变更、索赔、奖励等形成的收入不构成合同初始收入

    C. 建造合同成本包括从合同签订开始至合同完成止所发生的、与执行合同有关的直接费用和间接费用

    D. 如果建造合同的结果不能够可靠地估计，企业不应当确认合同收入和费用

24. 以下应计入合同成本的是（　　）。

    A. 直接费用   B. 管理费用   C. 销售费用   D. 财务费用

25. 在资产负债表日，建造合同的结果能够可靠估计的，应当根据（　　）确认合同收入和合同费用。

    A. 个别计价法   B. 销售百分比法   C. 加权平均法   D. 完工百分比法

26. 在合同实施过程中，客户要求追加建造资产，当满足下列条件之一的，应当视为单项合同，并作为独立会计核算对象。（　　）

A. 该追加资产在设计、技术或功能上与原合同包括的一项或数项资产存在重大差异

B. 议定该追加资产的造价时，需要考虑原合同价款

C. 该追加资产在设计、技术或功能上与原合同包括的一项或数项资产存在较小差异

D. 该合同项下的单项资产有独立的建造计划，且客户单独办理结算

27. 下列交易或事项，不应确认为营业外支出的是（　　）。

A. 公益性捐赠支出　　　　　　　　B. 无形资产出售损失

C. 固定资产盘亏损失　　　　　　　D. 固定资产减值损失

28. 以下营业利润计算正确的是（　　）。

A. 营业利润＝营业收入－营业成本－营业税金及附加

B. 营业利润＝营业收入－营业成本－营业税金及附加－销售费用－管理费用－财务费用

C. 营业利润＝营业收入－营业成本－营业税金及附加－销售费用－管理费用－财务费用－资产减值损失＋公允价值变动收益＋投资收益

D. 营业利润＝营业收入－营业成本－营业税金及附加－销售费用－管理费用－财务费用－资产减值损失＋公允价值变动收益＋投资收益＋营业外收入－营业外支出

29. 以下利润总额的计算公式中，表达正确的是（　　）。

A. 利润总额＝营业收入－营业成本－营业税金及附加－期间费用

B. 利润总额＝营业收入－营业成本－营业税金及附加－期间费用－资产减值损失＋公允价值变动收益＋投资收益

C. 利润总额＝营业利润＋营业外收入－营业外支出

D. 利润总额＝营业利润＋营业外收入－营业外支出－所得税

30. 以下各项中，不应计入营业外收入的是（　　）。

A. 政府补助　　　　B. 捐赠利得　　　　C. 债务重组利得　　　　D. 固定资产盘盈

31. 下列各项中，不应计入营业外支出的是（　　）。

A. 无形资产处置损失　　　　　　　B. 存货自然灾害损失

C. 固定资产处置净损失　　　　　　D. 长期股权投资处置损失

32. 在可供分配的利润中，应最先提取的是（　　）。

A. 法定公积金　　　　　　　　　　B. 任意公积金

C. 普通股股利　　　　　　　　　　D. 弥补以前年度亏损

（二）多项选择题

1. 费用可能表现为（　　）。

A. 资产的增加　　　　　　　　　　B. 负债的减少

C. 所有者权益减少　　　　　　　　D. 资产的减少和负债的增加

E. 资源的流入

2. 在下列各项中，属于直接费用的有（　　）。

A. 耗用的材料费用　　　　　　　　B. 耗用的人工费用

C. 耗用的机械费用 D. 签订合同的费用

E. 检验试验费用

3. 某道路施工企业 2012 年 7 月支出：工程保险费 2 万元；行政管理部门人员工资 8 万元；机械使用费 16 万元；第一项目部发生办公费 10 万元；行政管理部门水电费 2000 元。根据相关规定，属于期间费用的有（ ）。

A. 工程保险费 B. 行政管理人员工资

C. 机械使用费 D. 第一项目部办公费

E. 行政管理部门水电费

4. 下列各项收入中，应计入工业企业其他业务收入的有（ ）。

A. 提供运输劳务所取得的收入 B. 提供加工装配劳务所取得的收入

C. 转让无形资产使用权所取得的收入 D. 销售商品产生的收入

E. 固定资产出租

5. 建造合同有哪些特点（ ）。

A. 合同不可撤销 B. 时间比较长

C. 先销售后生产 D. 体积大

E. 合同可撤销

6. 下列项目中属于直接计入当期利润的利得和损失的有（ ）。

A. 财务费用 B. 管理费用

C. 营业外支出 D. 营业外收入

E. 销售费用

（三）判断题（正确填 A，错误填 B）

1. 出租无形资产的摊销额应列入利润表"管理费用"项目。 （ ）

2. 筹建期间的开办费应计入管理费用。 （ ）

3. 工程成本分为直接费和间接费。 （ ）

4. 直接费和直接工程费是一回事。 （ ）

5. 是指企业本期发生的、不能直接或间接归入营业成本，而是直接计入当期损益的各项费用。 （ ）

6. 期间费用包括销售费用、管理费用和财务费用。 （ ）

7. 提供劳务的收入属于让渡资产使用权而发生的收入。 （ ）

8. 产品销售收入、材料销售收入、机械作业收入属于施工企业其他业务收入。
（ ）

9. 合同成本是指为建造某项合同而发生的相关费用，包括从合同签订开始至合同结束期间所发生的，与执行合同有关费用。 （ ）

10. 为订立合同而发生的差旅费、投标费等，能够单独区分和可靠计量且合同很可能订立的，应当予以归集，如当年取得合同，可以计入合同成本，不满足上述条件的，应当计入当期损益。 （ ）

11. 出售投资性房地产的净收益，通过营业外收入科目核算。 （ ）

12. 与资产相关的政府补助，企业在收到时，应计入营业外收入。 （ ）

(四) 案例分析题

2003年10月2日，某市帆布厂（以下简称甲方）与某市区修建工程队（以下简称乙方）订立了建筑工程承包工程。合同规定：乙方为甲方建一框架厂房，跨度12m，总造价为98.9万元；承包方式为包工包料；开、竣工日期为1993年11月2日至1995年3月10日。自工程开工至1995年底，甲方付给乙方工程款、材料垫付款共101.6万元。到合同规定的竣工期限，未能完工，而且已完工程质量部分不合格。为此，双方发生纠纷。经查明：乙方在工商行政管理机关登记的经营范围为维修和承建小型非生产性建筑工程，无资格承包此项工程。经有关部门鉴定：该项工程造价应为98.9万元，未完工程折价为11.7万元，已完工程的厂房屋面质量不合格，返工费为5.6万元。

1. 该合同有效。（　　）（判断题，正确填A，错误填B）

2. 被告返还原告多付的工程款（　　）。（单项选择题）

A. 14.4万元　　　　B. 13.2万元　　　　C. 11.7万元　　　　D. 14.1万元

3. 被告偿付原因工程质量不合格所需的返工费（　　）。（单项选择题）

A. 7万元　　　　B. 6.3万元　　　　C. 5.6万元　　　　D. 13.4万元

4. 按目的划分包括（　　）。（多项选择题）

A. 综合索赔　　　B. 单项索赔　　　C. 工期索赔

D. 合同内索赔　　E. 合同外索赔

5. 一般说来，依法成立的合同，自成立时生效。（　　）（判断题，正确填A，错误填B）

第11章　劳务分包合同的相关知识

(一) 单项选择题

1. 合同是（　　）之间的民事法律关系。

A. 当事人　　　　B. 平等主体　　　C. 法人单位　　　D. 人与人

2. 合同是从（　　）明确当事人之间特定权利与义务关系的文件。

A. 协议上　　　　B. 法律上　　　　C. 政府备案上　　　D. 意见一致上

3. （　　）是法律赋予依法成立的合同对所有当事人所产生的约束力。

A. 当事人签署的合同　　　　　　　B. 合同约束力

C. 合同效力　　　　　　　　　　　D. 合同法

4. 合同是当事人意思表示一致的结果，（　　）是合同生效的重要构成要件。

A. 意思表示　　　　　　　　　　　B. 意思表示真实

C. 书面表示　　　　　　　　　　　D. 表示一致

5. 所谓恶意串通签订合同，是指合同当事人为了（　　）或为实现某种目的，串通一气，相互勾结。

A. 牟取非法利益　　B. 利益最大化　　　C. 牟取私利　　　　D. 经济利益

6. 在可变更、可撤销合同变更、撤销之前，该合同（　　）。

A. 没有效力　　　　B. 可以变更　　　　C. 允许撤销　　　　D. 具有效力

7. 民事行为能力是指（　　）以自己的行为享有民事权利。承担民事义务的能力。

A. 合同双方　　　　B. 当事人　　　　　C. 民事主体　　　　D. 有效合同方

8. 签订合同平等原则是指当事人无论具有什么身份，也无论其经济实力的强弱，在合同关系中（　　）的法律地位都是平等的。

A. 相互之间　　　　B. 意思表示　　　　C. 合同签订　　　　D. 合同条款

9. 签订合同自愿原则意味着合同当事人在（　　），根据自己了解掌握的知识。以及拥有的经验和判断能力去自主协商和选择所需要的合同内容。

A. 合同签订时　　　B. 自愿状况下　　　C. 不受干扰下　　　D. 市场交易活动中

10. 签订合同公平原则是（　　）的体现，也符合社会主义商业道德的要求。

A. 社会公德　　　　B. 当事人意思　　　C. 合同条款　　　　D. 协商一致

11. 诚实信用原则它要求人们在各类（　　）中讲究信用，恪守诺言，诚实不欺。

A. 交易活动　　　　B. 签订合同　　　　C. 履行义务　　　　D. 合同谈判

12. 守法原则是要求合同当事人在（　　）合同的过程中必须遵守法律和行政法规。

A. 订立　　　　　　B. 履行　　　　　　C. 谈判　　　　　　D. 订立和履行

13. 当事人在订立和履行合同中，必须谨慎从事，所订立的合同不但不能扰乱社会经济秩序，更要有利于（　　），不得侵害社会公共利益。

A. 遵纪守法　　　　B. 人民大众　　　　C. 维护公共秩序　　D. 当事人履行合同

14. 采用何种合同形式，取决于（　　）。

A. 当事人的约定　　　　　　　　　　　B. 合同法的规定

C. 交易方式的不同　　　　　　　　　　D. 合同备案的要求

15. 口头合同具有便捷、快速、利于交易等优点，非常广泛地应用于（　　）的各个领域。

A. 商品交易　　　　B. 社会生活　　　　C. 经济活动　　　　D. 人们要求

16. 合同书面形式的实质是（　　），有利于合同关系当事人权利义务的确定，发生争议后便于举证。

A. 书面形式　　　　B. 文字记录　　　　C. 当事人签字　　　D. 书面备案

17. 双务合同是指当事人双方相互享有权利、承担义务，在合同中双方的权利义务关系呈对应状态，即（　　）的合同。

A. 互为因果　　　　B. 权利义务对等　　C. 双方平等　　　　D. 都承担义务

18. 推行合同示范文本是一种行政指导行为，它有利于当事人严格执行《合同法》，强化合同管理，提高合同履约率，规范合同当事人的（　　）和经营行为，保护当事人的合法权益。

A. 履约行为　　　　B. 诚实行为　　　　C. 道德行为　　　　D. 签约行为

19. 合同示范文本分别从不同角度，针对（　　），具体地规范了当事人的签约行为，它为《合同法》的贯彻实施起到了很好的保证作用。

A. 当事人要求　　　　　　　　　　　　B. 合同法的要求

C. 不同行业特点　　　　　　　　　　　D. 合同备案的要求

20. 合同的主要条款或者合同的内容要由（　　），一般包括这些条款，但不限于这些条款。

    A. 当事人约定   B. 备案部门认可

    C. 当地政府批准   D. 法人代表签订

21. 标的是合同法律关系的（   ），是合同当事人权利和义务共同指向的对象。

    A. 客体   B. 主体   C. 指向   D. 物体

22. 劳务是种服务，这种服务可以是满足人们精神上的需要，也可以是满足人们（   ）的需要。

    A. 社会活动   B. 物质生产   C. 家庭生活   D. 关系融洽

23. 工作成果是指在合同履行过程中产生的。（   ）的有形物或者无形物。

    A. 当事人双方   B. 既成事实   C. 体现履约行为   D. 对方接受

24. 合同在标的确定的情况下，最重要的便是（   ）条款了。

    A. 付款   B. 履行期限   C. 履行方式   D. 质量

25. 为了保证合同的正常履行，以及合同一旦产生纠纷后可以及时的解决，当事人应该在合同中约定如违约金的计算标准、（   ）等明确和具体的违约责任。

    A. 计算方法   B. 起付日期   C. 给付方法   D. 具体金额

26. 违约责任条款可以促使合同当事人履行合同义务，不使对方遭受损失的法律措施，是（   ）的主要条款。

    A. 合同   B. 当事人约定   C. 约束违约方   D. 保证合同履行

27. 解决争议的方法是指合同一旦产生纠纷和争议时，当事人采用（   ）对合同条款的解释以及法律适用来解决争议。

    A. 协商方法   B. 何种途径   C. 仲裁方法   D. 调解方法

28. 和解是指当事人因合同发生纠纷、争议时可以自主再行协商，在相互尊重对方利益的基础上，就争议的事项以（   ）的形式达成一致，从而解决纠纷的方式。

    A. 和解   B. 补充协议   C. 一起协商   D. 当事人谈判

29. 双方当事人接受调解达成协议的，应当制作调解协议书，当事人即应当按照（   ）履行各自的义务。

    A. 合同协议书   B. 双方的约定   C. 调解协议书   D. 调解人的要求

30. 仲裁协议有两种形式：一种是在争议发生之前订立的，它通常作为合同中的一项（   ）出现；另一种是在争议之后订立的，它是把已经发生的争议提交给仲裁的协议。

    A. 仲裁条款   B. 当事人约定   C. 协议条款   D. 合同法要求

31. 因合同纠纷的诉讼属于民事诉讼，当事人如果没有（   ），任何一方都可以向人民法院提起民事诉讼，请求人民法院对合同纠纷依法予以审定处理。

    A. 意见一致   B. 合同约定   C. 仲裁协议   D. 和解成功

32. 法律规定（   ）的目的是促使当事人尽早履行义务行使权利，尽快解决当事人间的纠纷。

    A. 诉讼时效   B. 合同期限

    C. 当事人约定时效   D. 解决争议的期限

33. 一般的合同纠纷根据民法通则规定，诉讼时效为（   ）。

    A. 一年   B. 两年   C. 两年六个月   D. 三年

34. 承包人和劳务分包人的劳务分包合同签订的流程根据合同（　　）的不同而不同。

　　A. 当事人约定　　　　B. 发包方式　　　　C. 合同性质　　　　D. 劳务工作量

35. 承包人和劳务分包人是（　　）关系，双方的责、权、利必须以公平、合理、详尽的合同来约束。

　　A. 合同　　　　　　　B. 总分包　　　　　C. 管理与被管理　　D. 平等

36. 非招标采购方式是指招标采购方式以外的采购方式，包括在合格劳务分包企业名录中选择、询价选择和（　　）选择等方式。

　　A. 有资质劳务公司　　B. 第三方介绍　　　C. 竞争性谈判　　　D. 社会上

37. 询价采购劳务分包不同于公开的招投标，由承包人选择约三家劳务企业，分别进行询价（　　），最终确定劳务分包人。

　　A. 讨论　　　　　　　B. 评审　　　　　　C. 谈判　　　　　　D. 签约

38. 竞争性谈判采购劳务分包与询价采购的不同主要在于参与竞争的劳务分包企业（　　）。

　　A. 不限资质　　　　　B. 谈判更细　　　　C. 不需备案　　　　D. 需公开报价

39. 承包人与劳务分包人根据（　　）的合同工期、质量标准、安全文明施工与环境保护等主要条款，商谈劳务分包合同的内容，签订具体的合同条款。

　　A. 合同法规定　　　　B. 主合同规定　　　C. 双方协商　　　　D. 业主要求

40. 2013 版《建设工程施工劳务分包合同（示范文本）》明确约定了承包人不得要求劳务分包人提供或采购（　　）、主要材料。

　　A. 大型机械　　　　　B. 辅助材料　　　　C. 设备　　　　　　D. 小型机械

41. 合同价格是指承包人用于支付劳务分包人按照合同约定完成劳务作业范围内全部劳务作业的金额，包括（　　）按合同约定发生的价格变化。

　　A. 当事人协议　　　　B. 合同履行过程中　C. 双方约定　　　　D. 备案的合同

42. 与合同有关的通知、指令等文件，承包人和劳务分包人应在专用合同条款中约定各自的送达接收人和送达地点，任何一方合同当事人指定的接收人或送达地点发生变动的，应提前（　　）以书面形式通知对方。

　　A. 3 天　　　　　　　B. 5 天　　　　　　C. 7 天　　　　　　D. 2 周

43. 当劳务分包人要求时，承包人应向劳务分包人提供一份承包合同的副本或复印件，但有关（　　）的价格和涉及商业秘密的除外。

　　A. 业主总造价　　　　B. 承包人报价　　　C. 承包合同　　　　D. 投标时

44. 对于承包人违反工程建设（　　）有关管理规定的指示，劳务分包人有权拒绝。

　　A. 政府文件　　　　　B. 标准规范　　　　C. 社会安定　　　　D. 安全生产

45. 承包人提供的材料在进场时应由（　　）负责验收。

　　A. 承包人自己　　　　B. 劳务分包人　　　C. 材料员　　　　　D. 双方一起

46. 劳务项目负责人应是劳务分包人正式聘用的员工，劳务分包人应向承包人提交项目负责人与劳务分包人之间的劳动合同，以及劳务分包人为项目负责人（　　）的有效证明。

　　A. 发放工资　　　　　B. 发放劳保用品　　C. 缴纳社会保险　　D. 确定双方关系

47. 劳务分包合同的价格形式有单价合同和总价合同两种，单价合同有（　　）形式。

A. 3 种　　　　　　B. 4 种　　　　　　C. 5 种　　　　　　D. 7 种

48. 工种工日单价合同是指合同当事人约定以不同工种用工天数及各工种单日（　　）进行合同价格计算、调整和确认的劳务分包合同，在约定的范围内合同单价不作调整。

A. 综合单价　　　B. 实际单价　　　C. 计时单价　　　D. 工种等级单价

49. 关于总价合同，合同当事人应在专用合同条款中约定总价包含的（　　）和风险费用的计算方法，并约定风险范围以外的合同价格的调整方法。

A. 整个报价　　　B. 风险范围　　　C. 各类规费　　　D. 人工费和管理费

50. 分析报价结构是否合理主要是横向比较其他劳务公司的报价、根据同类工程的（　　）报价是否合理以及纵向结合本企业以往所定劳务分包的价格情况。

A. 社会行情分析　　　　　　　　　B. 有经验劳务公司报价分析
C. 工程承包报价分析　　　　　　　D. 当事人约定

51. 建设工程项目的整个实施过程较长，在这漫长的过程中由于社会、政治、经济、市场的变化以及（　　）有可能发生的不可预知事件，会直接或间接影响工程项目的正常实施，造成承包人利润的减少甚至亏损。

A. 设计变更　　　　　　　　　　　B. 政策变化
C. 工程实施过程中　　　　　　　　D. 不可抗力

52. 为能确保劳务合同的顺利履行以及工程质量达到合同约定的规定标准，对劳务分包人或劳务分包队应当实行合同（　　）制度和结算扣押质量保证金制度。

A. 履约保证金　　　B. 劳动力管理　　　C. 安全质量管理　　　D. 付款流程

53. 劳务分包合同总体分析的结果，要（　　）表达出来，由项目经理和项目部其他职能部门分析和掌握，作为履行劳务分包合同的参考。

A. 文字形式　　　B. 简单直观的　　　C. 由项目部　　　D. 劳动工资部门

54. 合同中的单价分析表做得越好，越方便在施工过程中（　　）的计量和支付，有利于承发包双方进行成本控制和成本分析。

A. 进度款　　　B. 工程款　　　C. 劳动力工资　　　D. 管理费

55. 建立劳务分包合同管理工作程序，通过明确的管理制度，使劳务分包合同的管理工作（　　）有条不紊地进行。

A. 按合同法要求　　　B. 按合同约定　　　C. 对照条款　　　D. 经常性地

56. 合同当事人之间的联系，应以（　　）形式进行，建立规范的报告管理制度和签发制度。

A. 对话　　　B. 书面　　　C. 经常性　　　D. 平等

57. 对劳务分包合同履行过程的跟踪和监督是一项（　　）工作，涉及多个部门和单位。

A. 严肃认真的　　　B. 细致的　　　C. 项目部为主的　　　D. 全方位的

58. 合同当事人之间的任何争议的协商和解决的措施，（　　）都必须参与，并对解决措施进行合同法律方面的审查、分析和监督。

A. 项目经理　　　B. 合同管理人员　　　C. 劳务员　　　D. 劳动工资人员

59. 劳务分包合同审查是指在签订劳务分包合同前，由合同双方当事人对合同文件的审查和有（　　）在进行劳务合同备案过程中的合同文件审查这两种情形。

A. 总公司　　　　B. 承包人公司　　　　C. 行政主管部门　　　　D. 项目业主

60. 签订劳务分包合同前要强化对签约对象的（　　）审查，了解其基本情况，以规避签约风险。

A. 资格　　　　　B. 资质　　　　　C. 社会信誉　　　　D. 合法性

61. 建筑工程领域内的合同涉及标的大、（　　），《合同法》第 270 条规定该领域所签合同应当采用书面形式，分包合同亦不例外。

A. 造价高　　　　B. 影响面广　　　　C. 体量大　　　　D. 公共安全要求高

62. 签订合同的同时应强化、完善证据意识，注意收集签约对方的《企业法人营业执照》和《组织代码证》、《建筑企业资质证书》、《企业法人授权委托书》及（　　）等各项资料，上述资料均需加盖单位公章以便今后核对真假。

A. 委托代理人身份证复印件　　　　B. 企业荣誉证书复印件

C. 重合同守信用复印件　　　　D. 企业主要人员名册

63. 劳务分包人的（　　）关系到工程项目最终成果的体现。

A. 管理能力　　　B. 作业能力　　　C. 履约能力　　　D. 劳动力的投入

64. 任何暂定价、暂估价、概算价等都不能作为合同价款，（　　）价格不能作为合同价。

A. 当事人协商的　　　B. 约而不定的　　　C. 业主签订的　　　D. 工程师签订的

65. 通过建设行政主管部门对合同双方主体资格的审查，对合同履行过程中定期对用工数量、（　　）、相应工种的资格证书以及上岗培训记录等监督检查，大大减少合同履行中的纠纷，减少诸如拖欠民工工资而造成的社会问题。

A. 工资支付　　　B. 遵纪守法　　　C. 劳动力来源　　　D. 劳动力管理

（二）多项选择题

1. 合同的效力一般可以分为以下几大类，即（　　）。

A. 有效合同

B. 无效合同

C. 可变更、可撤销合同

D. 当事人签订并备案合同

E. 效力待定合同

2. 合同是当事人各方为特定的交易对各方权利和义务的分配将自己内心意思的表示达成一致的协议，合同在协商、签订过程中必须坚持的原则是（　　）。

A. 平等原则

B. 协商一致原则

C. 自愿原则

D. 公平原则

E. 诚实信用原则

3. 主合同的成立与效力直接影响到从合同的成立与效力，主合同与从合同的关系是

（　　　）。

    A. 主合同不成立，从合同也不能有效成立

    B. 主合同转让，从合同也就不能单独存在

    C. 主合同被判定无效或宣告撤销，从合同也就失效

    D. 主合同终止，从合同也随即终止

    E. 主合同变更，从合同也变更

4. 解决争议的方法是指合同一旦产生纠纷和争议时，当事人采用（　　　）中的何种方法对合同条款的解释以及法律适用来解决争议。

    A. 和解

    B. 调解

    C. 仲裁

    D. 商议

    E. 诉讼

5. 合同争议确定解决方式后，当事人应当履行发生法律效力的（　　　）；拒不履行的，对方可以请求人民法院执行。

    A. 新合同

    B. 判决

    C. 仲裁裁决

    D. 调解书

    E. 行政管理部门的文件

6. 承包人和劳务分包人是合同关系，双方的责、权、利必须以（　　　）的合同来约束。

    A. 公平

    B. 平等

    C. 合理

    D. 合法

    E. 详尽

7. 2013 版建设工程施工劳务分包合同示范文本明确约定了承包人不得要求劳务分包人提供或采购（　　　）。

    A. 小型机具

    B. 大型机械

    C. 低值易耗材料

    D. 主要材料

    E. 周转性材料

8. 劳务分包单价合同有（　　　）。

    A. 工作量清单劳务费综合单价合同

    B. 当事人商定单价合同

    C. 工种工日单价合同

    D. 综合工日单价合同

E. 建筑面积综合单价合同

9. 任何合同的履行都有原则的约定，（　　）是履行劳务分包合同必须坚持的原则。

A. 遵守约定原则

B. 诚实信用原则

C. 自愿协作原则

D. 遵守法律和行政法规的原则

E. 服从行政部门管理原则

10. 在劳务分包合同履行管理阶段，涉及的任何（　　）等，都应当由相应的合同管理人员负责收集、记录、审查与合同的其他相关文件一并管理。

A. 文件

B. 指令

C. 调价

D. 变更

E. 请示

（三）判断题（正确填 A，错误填 B）

1. 合同的平等主体是指合同当事人的法律地位平等，没有领导和服从的关系，合同中的某一方不得以自身的社会地位、行政权力或经济实力等优势在合同中把自己的意志强加给另一方。　　　　　　　　　　　　　　　　　　　　　　　　（　　）

2. 合同是从法律上明确当事人之间特定权利与义务关系的文件。　　　（　　）

3. 有效合同的当事人除了具有相应民事权利以外，自然人还必须具有法律所认可的民事行为能力，法人和其他组织的民事行为能力与它们的民事权利能力相一致，经营和活动范围可以不一致。　　　　　　　　　　　　　　　　　　　　　　　　（　　）

4. 合同签订平等原则是指当事人无论具有什么身份，也无论其经济实力的强弱，在合同关系中相互之间的法律地位都是平等的，没有高低从属之分，没有管理者与被管理者，也没有因双方的经济实力不同而表现出优劣之分。　　　　　　　　　（　　）

5. 当事人不可以自愿约定违约责任，一旦发生争议，不可以自愿选择解决争议的方法。　　　　　　　　　　　　　　　　　　　　　　　　　　　　　　（　　）

6. 合同的口头形式是指当事人以语言的方式交流、协商达成一致意见的合同形式但不包括通过电话等语音通信设备交谈。　　　　　　　　　　　　　　　　（　　）

7. 书面形式合同除了当事人当面文书签订也可以通过信件订立，即书信形式。书信有平信、挂号信、邮政快件、特快专递等。　　　　　　　　　　　　　　（　　）

8. 所谓的双务合同和单务合同是根据当事人双方订立的合同中所反映的相互间权利和义务的确定而区分的。　　　　　　　　　　　　　　　　　　　　　（　　）

9. 价款或者报酬，是合同当事人一方向对方当事人支付标的物代价的货币支付。
　　　　　　　　　　　　　　　　　　　　　　　　　　　　　　　　（　　）

10. 违约责任是指合同当事人一方不履行合同义务或履行合同义务不符合合同约定所应承担的法律责任。　　　　　　　　　　　　　　　　　　　　　　　（　　）

11. 仲裁裁决作出后，当事人不满意，就同一纠纷可以向人民法院起诉。　（　　）

12. 因合同纠纷的诉讼属于民事诉讼，当事人如果没有仲裁协议，任何一方都可以向人民法院提起民事诉讼，请求人民法院对合同纠纷依法予以审定处理。（　　）

13. 询价采购劳务分包是由承包人选择约三家劳务企业，公开进行询价、评审，最终确定劳务分包人。（　　）

14. 竞争性谈判采购劳务，是指承包人直接邀请三家以上的劳务分包企业就工程施工采购劳动力分别进行谈判的方式。（　　）

15. 劳务分包合同是从合同，它依附的主合同是承包人在本工程的建设工程总承包施工合同或施工分包合同。（　　）

16. 当劳务分包人要求时，承包人应向劳务分包人提供一份包括承包价格的承包合同的副本或复印件。（　　）

17. 承包人提供的材料在进场时应由劳务分包人负责验收，如材料的品种、规格、型号、质量、数量不符合要求，劳务分包人应在验收时提出，由此增加的费用和（或）延误的期限均由承包人承担。（　　）

18. 劳务分包价格的确定涉及承包人和劳务分包人双方的利益所得，需要比较慎重处理。（　　）

19. 合同当事人应在专用合同条款中约定建筑面积综合单价包含的风险范围和风险费用的计算方法，并约定风险范围内的合同价格的调整方法。（　　）

20. 报价结构的合理性分析需要横向比较其他劳务公司的报价、根据同类工程的社会行情分析报价是否合理以及纵向结合本企业以往所定劳务分包的价格情况，进行劳务报价合理性的分析。（　　）

21. 遵循诚实信用原则，除强调合同当事人按照规定或合同约定全面履行合同义务外，更加强调合同当事人应当根据劳务合同的性质、目的和交易习惯，履行依据诚实信用原则所产生的新的附属义务。（　　）

22. 债权人分立、合并或者变更住所已结通知债务人，致使履行债务发生变化的，债务人可以终止履行或者将标的物提存。（　　）

23. 劳务分包合同总体分析的结果，要简单直观地表达出来，由项目经理和项目部其他职能部门分析和掌握，作为履行劳务分包合同的参考。（　　）

24. 建设工程施工劳务分包合同是施工总承包人或专业工程承包人将承包合同范围内的劳务委托给劳务分包人，由施工总承包人或专业工程承包人与劳务分包人之间签订的协议，是规范总承包人或专业分包人与劳务分包人的行为准则的合同。（　　）

25. 劳务分包人的履约能力关系到工程项目最终成果的体现，要审查劳务分包人拥有符合本项目施工的劳务工人的数量、分别在施工的每个阶段可以在现场操作的高级、中级等技术工人的比例或姓名，劳务分包人在业内的评价和信誉并不是主要的。（　　）

（四）案例分析题

某大型工程项目机电安装工程有甲工业设备安装公司承包（以下称承包人），承包人通过招标投标选定某水暖电安装作业劳务公司（以下称劳务分包人）作为该项目施工的劳务分包合作伙伴。双方在建设工程施工劳务分包合同签署中明确约定：施工现场安全文明，劳务分包人编制本项目的施工组织设计后送承包人修改审定；承包人不提供劳务分包作业人员的生活临时设施；若双方发生纠纷或争议，由项目所在地仲裁委员会仲裁。在实际施工阶段发生了如下几个问题：（1）劳务分包二队施工现场管理混乱，事故频发，承包人要求检查进场电焊工和电工的特种作业人员证书时队长不予配合。为此，承包人书面通知劳务分包人和劳务分包项目负责人要求改善管理和撤换劳务分包二队队长，但遭到拒绝。（2）劳务分包人在工地附近居民区租房作为劳务作业人员膳宿生活用，但生活区疏于管理，脏乱差现象严重。对此当地街道对承包人进行了处罚，承包人不服处罚，要求街道的上级部门行政复议。针对上述情况，承包人提出解除劳务分包合同，劳务分包人不同意解除，并拟向当地人民法院提起诉讼。根据背景材料回答以下问题

1. 承包人要求劳务分包人编制施工组织设计的做法是错误的。正确的应该是劳务分包人应当根据承包人编制的施工组织设计，编制及修订提交劳务作业方案，劳务作业方案应包括（　　）等。（多项选择题）

A. 劳动力安排计划

B. 机具计划

C. 设备计划

D. 材料供应计划

E. 安全生产计划

2. 承包人不提供劳务作业人员生活临时设施的做法是正确的。（　　）（判断题，正确填 A，错误填 B）

3. 承包人（　　）要求劳务分包人撤换劳务二队队长。（单项选择题）

A. 不可以　　　　　　　　　　　　B. 可以

C. 通过总监理工程师　　　　　　　D. 通过业主可以撤换

4. 劳务分包人生活区脏乱差，使得承包人受到当地行政管理部门的处罚，（　　）是劳务作业人员生活区管理的责任人。（单项选择题）

A. 承包人　　　　　　　　　　　　B. 劳务分包人

C. 工程业主　　　　　　　　　　　D. 前三个全部

5. 本案承包人解除本劳务分包合同的做法是正确的。（　　）（判断题，正确填 A，错误填 B）

三、参 考 答 案

第 1 章 法 律 法 规

（一）单项选择题

1. C；2. C；3. B；4. C；5. D；6. B；7. C；8. D；9. C；10. D；11. B；12. D；13. C；
14. B；15. A；16. D；17. C；18. A；19. A；20. B；21. A；22. C；23. B；24. C；25. A；
26. A；27. C；28. B；29. A；30. D；31. C

（二）多项选择题

1. ABCE；2. ABCD；3. BCE；4. ABCD；5. AD

（三）判断题

1. B；2. B；3. B；4. A；5. A；6. A；7. B；8. B；9. B；10. A；11. A；12. B；
13. B；14. A

（四）案例分析题

1. B；2. B；3. ACD；4. C；5. A

第 2 章 工程材料的基本知识

（一）单项选择题

1. B；2. A；3. C；4. A；5. D；6. B；7. B；8. D；9. C；10. C；11. D；12. A；13. A；
14. B；15. A；16. B；17. C

（二）多项选择题

1. BD；2. AC；3. ABCD；4. ABCE

（三）判断题

1. A；2. B；3. A；4. A；5. B；6. A；7. B；8. A；9. A

（四）案例分析题

1. B；2. C；3. A；4. B；5. ABC

第3章　施工图识读、绘制的基本知识

（一）单项选择题

1. D；2. A；3. C；4. D；5. A；6. B；7. B；8. C；9. A；10. C；11. C；12. B；13. C；14. C；15. A；16. A；17. C；18. A；19. B；20. B；21. B；22. A；23. B；24. C；25. B

（二）多项选择题

1. ABCE；2. ABCE；3. ABC；4. ABD；5. BCE；6. ABE；7. ABE

（三）判断题

1. A；2. B；3. A；4. A；5. A；6. A；7. A；8. B；9. A；10. A

（四）案例分析题

1. A；2. B；3. C；4. C；5. AB

第4章　工程施工工艺和方法

（一）单项选择题

1. B；2. B；3. A；4. C；5. B；6. D；7. A；8. C；9. A；10. B；11. D；12. C；13. B；14. A；15. B；16. D；17. A；18. C；19. C；20. A

（二）多项选择题

1. ABC；2. ACD；3. BCD；4. ABC

（三）判断题

1. A；2. B；3. A；4. B；5. A；6. B；7. A；8. B

（四）案例分析题

1. B；2. C；3. ABDE；4. A；5. B

第5章　工程项目管理的基本知识

（一）单项选择题

1. A；2. C；3. C；4. D；5. B；6. D；7. A；8. A；9. B；10. A；11. B；12. A；13. B；14. B；15. B；16. A；17. B；18. D；19. A；20. A；21. B；22. C；23. D；24. A；25. A；26. C；27. D；

28. A；29. A；30. B

（二）多项选择题

1. ACDE；2. BCDE；3. ABCE；4. BCDE；5. ABCD；6. ABCD

（三）判断题

1. B；2. A；3. A；4. B；5. A；6. B；7. A；8. B；9. A；10. A；11. B；12. A

（四）案例分析题

1. C；2. B；3. ACD；4. B；5. A

第6章　劳动保护的相关规定

（一）单项选择题

1. D；2. C；3. D；4. C；5. B；6. B；7. B；8. D；9. D；10. B；11. A；12. D；13. C；
14. A；15. D；16. B；17. C；18. C；19. D；20. B；21. A；22. A；23. C；24. C；25. D；
26. B；27. D；28. D；29. A；30. B；31. D；32. A；33. C；34. D；35. A；36. D；37. D；
38. B；39. C；40. D；41. D；42. A

（二）多项选择题

1. ABC；2. ABDE；3. AB；4. ABCE；5. BCDE；6. ACDE；7. BD；8. AC；9. ABCD；
10. ACDE

（三）判断题

1. B；2. B；3. B；4. A；5. A；6. B；7. A；8. A；9. B；10. A；11. A；12. B；13. A；
14. A；15. B；16. A；17. A；18. A；19. B；20. B

（四）案例分析题

1. A；2. A；3. A；4. AC；5. D

第7章　流动人口管理的相关规定

（一）单项选择题

1. C；2. C；3. A；4. B；5. C；6. B；7. D；8. B；9. A；10. C；11. C；12. B；13. D；
14. A；15. B；16. D；17. A；18. B

（二）多项选择题

1. BCD；2. ABC；3 ABCD；4. ABDE；5. BCD；6. ABDE；

（三）判断题

1. B；2. B；3. B；4. A；5. B；6. A；7. B；8. B；9. B；10. B

第8章　信访工作的基本知识

（一）单项选择题

1. C；2. B；3. A；4. C；5. C；6. B；7. A；8. A；9. B；10. A；11. D；12. A；13. B；
14. A；15. B；16. B；17. C；18. A；19. C；20. A；21. D；22. B；23. C；24. B；25. A；
26. B；27. A；28. B；29. A；30. C；31. A

（二）多项选择题

1. ACD；2. BCDE；3. CDE；4. ABD；5. ABCE；6. BDE；7. ABE

（三）判断题

1. A；2. A；3. B；4. B；5. B；6. A；7. A；8. A；9. A；10. B；11. B；12. A；
13. B；14. B

（四）案例分析题

1. A；2. C；3. A；4. A；5. AB

第9章　人力资源开发及管理的基本知识

（一）单项选择题

1. D；2. C；3. D；4. A；5. B；6. C；7. C；8. D；9. B；10. D；11. D；12. A；13. C；
14. A；15. D；16. C；17. A；18. D；19. B；20. C；21. B；22. B；23. A；24. B；25. D；
26. C；27. A；28. A；29. D；30. B；31. C；32. A；33. D；34. A；35. B；36. B；37. A；
38. B；39. C；40. C；41. B；42. C；43. D；44. A；45. B；46. C；47. D；48. B；49. C；
50. A；51. B；52. C；53. B；54. C；55. C；56. A；57. A；58. D；59. D；60. A；61. C；
62. C；63. D；64. A

（二）多项选择题

1. ABC；2. BCDE；3. ABDE；4. BCDE；5. ACE；6. ABCE；7. AC；8. ACDE；
9. ABC；10. ABD；11. ABE；12. AC；13. CDE；14. BCDE；15. ABCD；16. ABCD；
17. BC；18. ABD；19. CDE；20. AB

（三）判断题

1. A；2. B；3. A；4. B；5. A；6. B；7. B；8. B；9. B；10. B；11. B；12. B；13. A；

14. A；15. A；16. B；17. B；18. B；19. B；20. B；21. A；22. A；23. B；24. A；25. B；
26. B；27. B；28. A；29. B；30. B；31. A

第10章　财务管理的基本知识

（一）单项选择题

1. B；2. C；3. A；4. D；5. C；6. C；7. A；8. C；9. A；10. D；11. A；12. B；13. A；
14. B；15. C；16. C；17. C；18. B；19. D；20. A；21. B；22. D；23. D；24. A；25. D；
26. A；27. D；28. C；29. C；30. D；31. D；32. A

（二）多项选择题

1. CD；2. ABCE；3. BE；4. ACE；5. ABCD；6. CD

（三）判断题

1. B；2. A；3. A；4. B；5. A；6. A；7. B；8. A；9. A；10. A；11. B；12. B

（四）案例分析题

1. B；2. A；3. C；4. CE；5. A

第11章　劳务分包合同的相关知识

（一）单项选择题

1. B；2. B；3. C；4. B；5. A；6. D；7. C；8. A；9. D；10. A；11. A；12. D；13. C；
14. C；15. B；16. B；17. A；18. D；19. C；20. A；21. A；22. B；23. C；24. D；25. B；
26. D；27. B；28. B；29. C；30. A；31. C；32. A；33. A；34. A；35. A；36. C；37. B；
38. D；39. B；40. A；41. B；42. A；43. C；44. D；45. B；46. C；47. C；48. A；49. B；
50. A；51. C；52. A；53. B；54. A；55. D；56. B；57. D；58. B；59. C；60. D；61. B；
62. A；63. C；64. B；65. C

（二）多项选择题

1. ABCE；2. ACDE；3. ABCD；4. ABCE；5. BCD；6. ACE；7. BDE；8. ACDE；
9. ABCD；10. BDE

（三）判断题

1. A；2. A；3. B；4. A；5. B；6. B；7. A；8. B；9. A；10. A；11. B；12. A；13. B；
14. B；15. A；16. B；17. A；18. A；19. B；20. A；21. A；22. B；23. A；24. A；25. B；

（四）案例分析题

1. ABCD；2. B；3. B；4. A；5. A

第二部分

专业管理实务

一、考 试 大 纲

第1章　劳务员岗位相关的标准和管理规定

1.1　建筑业劳务用工、持证上岗管理规定

1.1.1　劳务用工对个人的规定
1.1.2　劳务用工对企业的规定
1.1.3　建筑业企业上岗证书的规定

1.2　建筑劳务企业资质制度的相关规定

1.2.1　建筑劳务企业分类及资质标准
1.2.2　建筑劳务企业工程作业分包范围

1.3　验证劳务队伍资质

1.3.1　验证劳务队伍资质业绩情况
1.3.2　验证劳务队伍管理情况

1.4　核验劳务人员身份、职业资格

1.4.1　验证劳务人员身份情况
1.4.2　审验劳务人员职业资格证书

1.5　农民工权益保护的有关规定

1.5.1　解决农民工问题的指导思想和基本原则
1.5.2　农民工权益保护的一般规定
1.5.3　农民工的就业服务
1.5.4　关于农民工工资支付政策的主要内容和要求
1.5.5　违反农民工工资支付规定的处罚
1.5.6　农民工权益保护、监督与保障

第2章　劳动定额的基本知识

2.1　劳动定额及其制定方法

2.1.1　劳动定额的概念、表达形式

4.3 劳动合同的实施和管理

4.3.1 劳动合同的实施

4.3.2 劳动合同的过程管理

4.3.3 劳动合同的签订

4.4 劳动合同的法律效力

4.4.1 劳动合同法律效力的认定

4.4.2 劳动合同纠纷的处理

4.5 对劳动合同进行规范性审查

4.5.1 审查订立劳动合同的主体

4.5.2 审查劳动书内容

第5章 劳务分包管理

5.1 劳务分包管理的一般规定

5.1.1 对劳务分包企业的规定

5.1.2 对劳务人员的规定

5.2 劳务招标管理

5.2.1 劳务招投标的特点

5.2.2 劳务招标的主要内容

5.2.3 劳务招标管理工作流程

5.3 劳务分包作业管理

5.3.1 劳务分包队伍进出场管理

5.3.2 劳务分包作业过程管理

5.4 劳务费用的结算与支付

5.4.1 劳务人员工资的计算方式

5.4.2 劳务费结算与支付管理的程序

5.4.3 劳务费结算与支付管理的要求

5.4.4 劳务费结算支付报表制度

5.5 评审劳务分包合同

5.5.1 评审劳务分包合同的内容与条款

5.5.2 评审劳务分包合同的主体与形式

第6章 劳务纠纷管理

第7章 社会保险的基本知识

第8章 劳务分包款及劳务人员工资管理

第9章 劳务资料管理

9.1 劳务管理资料

9.1.1 劳务管理资料的范围与种类

9.1.2 劳务管理资料的收集与整理

9.1.3 劳务管理资料档案的编制与保管

9.2 劳务资料的管理

9.2.1 建立劳务资料目录、登记造册

9.2.2 收集、审查劳务管理资料

9.2.3 制定劳务管理资料的安全防护措施

二、习　　　题

第1章　劳务员岗位相关的标准和管理规定

(一) 单项选择题

1. 根据《中华人民共和国劳动法》的规定，从事一般建筑业劳动的务工人员的最低年龄，必须是年满（　　）周岁以上。

A. 14　　　　　　　　B. 16　　　　　　　　C. 18　　　　　　　　D. 20

2.《建筑业企业资质管理规定》中明确规定了施工劳务企业资质标准的最少净资产（　　）万元以上。

A. 50　　　　　　　　B. 100　　　　　　　　C. 200　　　　　　　　D. 500

3. 总承包企业的（　　）不要求必须具有相应的安全资格证书。

A. 法人代表　　　　　　　　　　　B. 项目负责人

C. 项目工程师　　　　　　　　　　D. 专职安全员

4. 最新建筑企业资质标准施工劳务分包资质（　　）。

A. 分专业，分等级　　　　　　　　B. 分专业，不分等级

C. 不分专业，分等级　　　　　　　D. 不分专业，不分等级

5. 取得施工劳务资质的企业，可以承接（　　）分包的劳务作业。

A. 施工总承包企业但不能承接专业承包企业

B. 专业承包企业但不能承接施工总承包企业

C. 总承包企业或专业承包企业

D. 其他施工劳务企业

6. 劳务员在审验劳务队伍资质时，下列哪一项不是所要求的（　　）。

A. 经营场所　　　　　　　　　　　B. 资质要求

C. 业绩要求　　　　　　　　　　　D. 政策管理要求

7. 根据《资质管理规定》劳务企业可以申请（　　）。

A. 施工劳务资质，施工总承包序列、专业承包序列各类别资质

B. 施工劳务资质，但不得申请施工总承包序列、专业承包序列各类别资质

C. 施工劳务资质，具备条件的可以申请施工总承包序列、专业承包序列各类别资质

D. 施工劳务资质，专业承包序列各类别资质，但不得申请施工总承包序列

8. 建设主管部门、其他有关部门履行监督检查职责时，有权采取的措施不包括：要求被检查单位提供（　　）。

A. 建筑业企业资质证书

B. 注册执业人员的注册执业证书

C. 有关施工业务的文档，有关质量管理、安全生产管理、档案管理、财务管理等企业内部管理制度的文件

D. 作业人员的社会保险情况

9. 建筑业企业资质需要国务院住房城乡建设主管部门审查的，国务院住房城乡建设主管部门应当省、自治区、直辖市人民政府住房城乡建设主管部门受理申请材料之日起（　　）个工作日内完成审查。

　　A. 15　　　　　　　B. 20　　　　　　　C. 30　　　　　　　D. 60

10. 建筑业企业资质需要国务院住房城乡建设主管部门审查后应公示审查意见，公示时间为（　　）个工作日。

　　A. 5　　　　　　　B. 7　　　　　　　C. 10　　　　　　　D. 15

11. 建筑业企业资质证书有效期为（　　）年。

　　A. 2　　　　　　　B. 3　　　　　　　C. 5　　　　　　　D. 10

12. 宿舍应确保主体结构安全，设施完好。装配式活动房屋应采用阻燃型彩钢夹心板，每栋双层宿舍搭设不得超（　　）间，且两端须设置楼梯。

　　A. 5　　　　　　　B. 6　　　　　　　C. 8　　　　　　　D. 10

13. 宿舍内电器设备安装和电源线的配置，必须由专职电工安装，照明灯具高度不得低于（　　）m，严禁私搭乱接，夏季应配备防暑降温设施。

　　A. 2.2　　　　　　B. 2.3　　　　　　C. 2.4　　　　　　D. 2.5

14. 食堂应设置在远离厕所、垃圾站、有毒有害场所等污染源的地方，与污染源间距应不小于（　　）m，与宿舍区的间距应不小于（　　）m，并保持食堂内外环境整洁。

　　A. 20，5　　　　　B. 30，6　　　　　C. 40，8　　　　　D. 50，0

15. 建筑工人宿舍双层床铺（不得超过 2 层）宿舍人均居住面积不得小于 2m²，每间宿舍居住人员不宜超过 10 人，室内净高不得小于（　　）m，通道宽不得小于（　　）m，宿舍内严禁使用通铺。

　　A. 2.4，0.9　　　　B. 2.4，1　　　　C. 2.5，0.9　　　　D. 2.5，1

16. 建筑工程面积 10000～50000m² 的工地，生活区浴室面积不应小于（　　）m²，在 50000m² 以上的工地，浴室面积不应小于（　　）m²。

　　A. 10，20　　　　　B. 20，30　　　　C. 30，40　　　　D. 40，50

17. 生活区应设置男女分开的厕所，最小不低于（　　）m²，厕所内蹲位与人员比例不小于 1：20，蹲位之间应设置隔断，隔断高度不低于（　　）m。

　　A. 15，1.1　　　　B. 20，1.2　　　　C. 25，1.4　　　　D. 30，1.5

18. 负责审核劳务人员身份、资格，办理登记备案的是（　　）。

　　A. 项目经理　　　B. 施工队长　　　C. 施工员　　　　D. 劳务员

19. 劳务人员是指施工劳务企业的（　　）。

　　A. 管理人员和劳务作业人员　　　　　B. 管理人员

　　C. 劳务作业人员　　　　　　　　　　D. 劳务作业人员（不含管理人员）

20. 实名制管理的基础是劳务作业进场人员（　　）。

　　A. 花名册　　　B. 工资表　　　C. 工资台账　　　D. 劳动合同台账

21. 对新进场人员由（　　）根据进场人员花名册登记表核对，不符人员应要求劳务队伍负责人按实际进场人员调整花名册。

　　A. 项目经理　　　　B. 施工队长　　　　C. 施工员　　　　D. 劳务员

22. 施工劳务单位招用的管理人员和劳务作业工人都必须依法订立并履行（　　）。

　　A. 安全合同　　　　B. 人事合同　　　　C. 劳务合同　　　D. 劳动合同

23. 签订劳动合同的主体是（　　）。

　　A. 施工劳务企业与劳务人员

　　B. 总承包单位与劳务分包单位

　　C. 项目部与劳务人员

　　D. 总承包单位与劳务人员

24. 根据《建筑施工特种作业人员管理规定》（建质《2008》75号），直接确定属于建筑施工特种作业工种的是（　　）。

　　A. 建筑电工　　　　　　　　　　　B. 建筑焊工

　　C. 建筑施工机械安装质量检验工　　D. 桩机操作工

25. 根据《建筑施工特种作业人员管理规定》（建质《2008》75号），下列不属于建筑施工特种作业工种的是（　　）。

　　A. 建筑起重机司机　　　　　　　　B. 建筑起重机械安装拆卸工

　　C. 高处作业吊篮安装拆卸工　　　　D. 钢筋工

26. 参加高级鉴定的人员必须是取得中级技能证书至少（　　）年以上。

　　A. 1　　　　　　　B. 2　　　　　　　C. 3　　　　　　　D. 5

27. 参加高级技师鉴定的人员必须是任技师至少（　　）年以上。

　　A. 1　　　　　　　B. 2　　　　　　　C. 3　　　　　　　D. 5

28. 按照住建部（建质2008第91号文）要求，50～200人配置至少（　　）名专职安全员。

　　A. 1　　　　　　　B. 2　　　　　　　C. 3　　　　　　　D. 4

29. 职业技能鉴定的主要内容不包括（　　）。

　　A. 职业知识　　　　B. 操作技能　　　　C. 心理素质　　　D. 职业道德

30. 关于解决农民工问题的基本原则，下列说法错误的是（　　）。

　　A. 强化服务，完善管理　　　　　　B. 统筹规划，合理引导

　　C. 因地制宜，分类指导　　　　　　D. 立足当前，着眼现在

31. 根据《促进就业法》第四十条规定，下列（　　）不是设立职业中介机构应当具备的条件。

　　A. 有明确的章程和管理制度

　　B. 有开展业务必备的固定场所、办公设施和一定数额的开办资金

　　C. 有一定数量具备相应职业资格的专职工作人员

　　D. 中介机构负责人必须有大专学历

32.《建设领域农民工工资支付管理暂行办法》规定：企业支付农民工工资应编制工资支付表，并至少保存（　　）年以上备查。

　　A. 1　　　　　　　B. 2　　　　　　　C. 3　　　　　　　D. 5

33. 业主或工程总承包企业未按合同约定与建设工程承包企业结清工程款，致使建设工程承包企业拖欠农民工工资的，由业主或工程总承包企业先行垫付农民工被拖欠的工资，先行垫付的工资数额以（　　）为限。

A. 未结清的工程款 B. 被拖欠的工资额

C. 未结清的工程款中的人工费 D. 工程承包合同中人工费

34. 《劳动法》第五十条规定：工资应当（　　）。

A. 以货币或实物形式按月支付给劳动者本人

B. 以货币形式按月支付给劳动者本人

C. 以货币形式按工程进度支付给劳动者本人

D. 以货币或实物形式按工程进度支付给劳动者本人

35. 当前，要加快推进农民工较为集中、工伤风险程度较高的（　　）行业参加工伤保险。

A. 石油 B. 化工 C. 电子 D. 建筑

（二）多项选择题

1. 关于建筑业企业资质证书法律效力问题说法正确的是：（　　）。

A. 证书分为正本和副本

B. 正本的效力大于副本

C. 正本与副本具有同等的法律效力

D. 资质证书的有效期为 5 年

E. 资质证书的有效期为 3 年

2. 施工劳务企业持有岗位证书的施工现场管理人员不少于 5 人，且（　　）等人员齐全。

A. 施工员 B. 质量员 C. 安全员

D. 劳务员 E. 质检员

3. 劳务员在审验劳务队伍资质时，应满足资质要求方面要求：（　　）。

A. 施工作业队所在的施工劳务企业符合施工劳务资质要求

B. 劳务队伍没有违反国家及地方政府法律法规与政策的不良记录

C. 施工劳务企业的施工作业队属于当地建设主管部门、行业管理协会和企业考核评价合格的队伍

D. 施工作业队已经完成对进场施工作业人员在建设主管部门备案

E. 施工队伍在以往完成的工程中，能够信守合同、保证工期、满足质量、安全要求，能服从项目经理部的日常管理

4. 施工劳务申请资质证书变更，应当提交以下材料：（　　）。

A. 资质证书变更申请

B. 企业法人营业执照复印件

C. 建筑业企业资质证书正、副本原件

D. 建筑业企业资质证书副本原件

E. 与资质变更事项有关的证明材料

5. 2015 年 1 月 1 日实行的建筑企业资质标准中对施工劳务企业的主要人员有以下要求：（   ）。

A. 企业法人具有工程序列中级以上职称或高级工以上资格

B. 技术负责人具有工程序列中级以上职称或高级工以上资格

C. 持有岗位证书的施工现场管理人员不少于 5 人，且施工员、质量员、安全员、劳务员等人员齐全

D. 经考核或培训合格的技术工人不少于 50 人

E. 经考核或培训合格的技术工人不少于 30 人

6. 每个施工劳务企业的（   ）必须具有相应的安全资格证书。

A. 法人代表　　　　B. 项目负责人　　　　C. 专职安全员

D. 劳务员　　　　　E. 施工员

7. 生活区是指建设工程劳务施工人员集中居住、生活的场所，包括：（   ）开水房、盥洗设施和文体活动室等临时设施。

A. 宿舍　　　　　　B. 材料仓库　　　　　C. 食堂

D. 浴室（淋浴间）　E. 厕所

8. 关于食堂选址说法错误的是（   ）。

A. 应设置在远离厕所、垃圾站、有毒有害场所等污染源的地方

B. 污染源间距应不小于 30m

C. 污染源间距应不小于 10m

D. 食堂与宿舍区的间距应不小于 2m

E. 食堂应保持内外环境整洁

（三）判断题（正确填 A，错误填 B）

1. 施工劳务企业资质标准中除了要求企业净资产 200 万元以上，还要求具有固定的经营场所。　　　　　　　　　　　　　　　　　　　　　　　　　　　　（　　）

2. 建筑业企业资质申请和审批包括施工总承包企业资质、专业承包企业资质、施工劳务企业资质的申请和审批。　　　　　　　　　　　　　　　　　　　　　（　　）

3. 建设主管部门、其他有关部门在实施监督检查时，应当有两名以上监督检查人员参加，并出示执法证件，不得妨碍企业正常的生产经营活动，不得索取或者收受企业的财物，不得谋取其他利益。　　　　　　　　　　　　　　　　　　　　　　　（　　）

4. 劳务作业工人是指劳务普工。　　　　　　　　　　　　　　　　　　　（　　）

5. 未达到标准的劳务分包施工企业应在 15 日内提交相关资料进行复审，复审不合格，须由劳务主管部门进行补充培训或鉴定。　　　　　　　　　　　　　　　（　　）

6. 劳务分包企业资质标准分为木工作业、砌筑作业等 13 个专业，并且部分专业有等级之分。　　　　　　　　　　　　　　　　　　　　　　　　　　　　　　（　　）

7. 施工劳务企业办理人员实名制备案前，首先将《合同用工备案花名册》和岗位证书，交给项目部劳务员，进行备案人员的证书审验工作。　　　　　　　　　（　　）

8. 劳务分包生活区是建设工程劳务施工人员集中居住、生活的场所，在安全的情况下可以在施工现场内独立封闭设立和管理。　　　　　　　　　　　　　　　（　　）

9. 施工现场必须配备常用药绑带、止血带、颈托、担架和救护车辆等急救器材。

（　　）

10. 生活区内严禁使用钢管、三合板、竹片、毛竹、彩条布等材料搭设简易工棚。

（　　）

11. 国务院关于解决农民工问题的若干意见（国发〔2006〕5 号）中提出大力发展面向农村的职业教育。（　　）

12. 国务院关于解决农民工问题的若干意见（国发〔2006〕5 号）中强调严格禁止使用未成年工。（　　）

13. 为保证社会治安的稳定和工程现场的安全，没有身份证明的一律不得进入项目现场。（　　）

14. 职业技能资格证书分为四个等级。（　　）

15. 职业技能鉴定分为知识要求考试和操作技能考核两部分。（　　）

16.《建筑施工特种作业人员管理规定》（建质《2008》75 号）中规定，市级以上人民政府建设主管部门可根据本地区实际情况，增设特种作业种类。（　　）

（四）案例分析题

某总包单位工程部门对本公司某建筑工地进行检查，该工程建筑面积 3 万 m^2。在对生活区检查中发现如下问题：浴室面积 $15m^2$ 并设置 8 个喷淋头；食堂与宿舍区的间距不足 3m，与厕所间距 15m，食堂没有有卫生许可证，炊事人员没有健康证就上岗。工程部门要求项目部必须在 1 周内将上述问题整改到位。根据上述背景材料回答以下问题：

1. 本工地浴室面积至少应（　　）m^2。（单项选择题）

A. 16　　　　　　B. 18　　　　　　C. 20　　　　　　D. 24

2. 本工地浴室至少应设置（　　）个喷淋头。（单项选择题）

A. 10　　　　　　B. 12　　　　　　C. 15　　　　　　D. 16

3. 食堂与宿舍区的间距至少应（　　）m。（单项选择题）

A. 5　　　　　　B. 6　　　　　　C. 8　　　　　　D. 10

4. 食堂选址时应远离厕所。下列食堂与厕所间距正确的有（　　）m。（多项选择题）

A. 18　　　　　B. 20　　　　　C. 30　　　　　D. 36　　　　　E. 40

5. 食堂必须有卫生许可证，炊事人员必须持健康证上岗。（　　）（判断题，正确填 A，错误填 B）

6. 食堂墙体可以不使用砖砌体，但屋面必须采用防火材料搭设。（　　）（判断题，正确填 A，错误填 B)

第 2 章　劳动定额的基本知识

（一）单项选择题

1. 以下（　　）不是按使用范围分类的。

A. 施工定额　　　B. 企业定额　　　C. 概算定额　　　D. 投资估算指标

2. 以下（　　　）不属于工程建设定额的分类方法。

A. 按管理权限分类　　　　　　　　B. 按生产要素分类

C. 按使用范围分类　　　　　　　　D. 按使用年限分类

3. 劳动定额按其表现形式不同，分为（　　　）。

A. 时间定额和产量定额　　　　　　B. 时间定额和预算定额

C. 施工定额和产量定额　　　　　　D. 施工定额和预算定额

4. 以下方法中不属于技术测定法的是：（　　　）。

A. 写实记录法　　　　　　　　　　B. 工作日写实法

C. 简易测定法　　　　　　　　　　D. 比例数式法

5. 典型定额法包括（　　　）。

A. 写实记录法　　　　　　　　　　B. 工作日写实法

C. 比例数式法　　　　　　　　　　D. 简易测定法

6. 比较类推法，也称（　　　）。

A. 比例数示法　　　　　　　　　　B. 经验估计法

C. 典型定额法　　　　　　　　　　D. 统计分析法

7. 损失时间中不包括：（　　　）。

A. 有多余和偶然工作时间　　　　　B. 休息时间

C. 停工时间　　　　　　　　　　　D. 违背劳动纪律所引起的工时损失时间

8. 工人在工作班内消耗的工作时间，按其消耗的性质，可以分为两大类：（　　　）。

A. 有效工作时间和停工时间　　　　B. 必须消耗的时间和损失时间

C. 必须消耗的时间和休息时间　　　D. 必须消耗的时间和停工时间

9. 以下（　　　）属于有效工作时间。

A. 辅助工作时间　　　　　　　　　B. 休息时间

C. 不可避免的中断时间　　　　　　D. 停工时间

10. 以下过程不属于按施工过程组织的复杂程度分类的是：（　　　）。

A. 工序过程　　　　　　　　　　　B. 工作过程

C. 个人完成的过程　　　　　　　　D. 综合工作过程

11. 从施工组织的角度看，（　　　）是组成施工过程的基本单元。

A. 工序过程　　　　　　　　　　　B. 工作过程

C. 工序过程和工作过程　　　　　　D. 综合工作过程

12. 按施工过程（　　　）不同分类，可以分为个人完成的过程、工人班组完成的过程和施工队完成的过程。

A. 完成方法　　　　　　　　　　　B. 劳动分工的特点

C. 组织上复杂程度　　　　　　　　D. 劳动组织的难易程度

（二）多项选择题

1. 写实记录法按记录时间的方法不同分为（　　　）。

A. 数示法　　　　B. 工作日写实法　　　C. 图示法和

D. 统计分析法　　　　E. 混合法

2. 必须消耗的时间是工人在正常施工条件下，为完成一定产品（工作任务）所消耗的时间。它是制定定额的主要依据。必须消耗的时间包括（　　）。

A. 有效工作时间　　　　　　　　　B. 不可避免的中断时间

C. 休息时间　　　　　　　　　　　D. 停工时间

E. 损失时间

3. 编制劳动定额常用的方法有：（　　）。

A. 比较类推法　　　　　　　　　　B. 经验估计法

C. 公式法　　　　　　　　　　　　D. 统计分析法

E. 技术测定法

（三）判断题（正确填 A，错误填 B）

1. 按定额标定的对象不同，劳动定额又分为单项工序定额、综合定额。　　（　　）

2. 坐标图示法是以横坐标表示产量或工时消耗的变化，纵坐标表示影响因素值的变化。　　（　　）

3. 工作日写实法，是对工人在主要工作班组内的部分工时利用情况，按照时间消耗的顺序进行实地的观察、记录和分析研究的一种测定方法。　　（　　）

4. 基本工作时间的长短与工作量的大小成正比。　　（　　）

5. 将一个施工工程分解成一系列工序的目的，是为了分析、研究各工序在施工过程中的必要性和合理性。　　（　　）

6. 坐标图示法是统计分析法中的一种方法。　　（　　）

7. 按施工过程的完成方法分类，可以分为手工操作过程（手动过程）、机械化过程（机动过程）。　　（　　）

（四）案例分析题

按定额标定的对象不同，劳动定额又分为单项工序定额、综合定额。下表为砖基础砌体劳动定额（计量单位：m³）。

项目		砖基础深在 1.5m 以内			序号
		厚度			
		1 砖	1.5 砖	2 砖及 2 砖以上	
综合	时间定额/产量定额	0.89/1.12		0.833/1.2	一
砌砖	时间定额/产量定额	0.37/2.7	0.336/2.98	0.309/3.24	二
运输	时间定额/产量定额	0.427/2.34	0.427/2.34	0.427/2.34	三
调制砂浆	时间定额/产量定额	0.093/10.8	0.097/10.3	0.097/10.3	四
编号		1	2	3	

1. 根据上表，厚度 1.5 砖的综合时间定额为（　　）。（单项选择题）

A. 0.427 工日　　　B. 0.86 工日　　　C. 0.336 工日　　　D. 0.88 工日

2. 根据上表，厚度 1.5 砖的综合产量定额为（　　）。（单项选择题）

A. 2.34m³　　　　B. 0.86m³　　　　C. 1.2m³　　　　D. 1.16m³

3. 根据上表，厚度1砖的综合时间定额为（　　　）。（单项选择题）

A. 0.427 工日　　　　B. 0.86 工日　　　　C. 0.336 工日　　　　D. 0.89 工日

4. 在工作时间的界定中，有效工作时间是从生产效果来看与产品生产直接有关的时间消耗，包括（　　　）。（多项选择题）

A. 基本工作时间　　　　　　　　　B. 不可避免的中断时间

C. 辅助工作时间　　　　　　　　　D. 准备与结束工作时间

E. 休息时间

5. 劳动定额按其表现形式不同，分为时间定额和产量定额。（　　　）（判断题，正确填 A，错误填 B）

6. 建筑工程施工中，劳动效率通常用"产量/单位时间"或"工时消耗量/单位工作量"来表示。（　　　）（判断题，正确填 A，错误填 B）

第 3 章　劳务用工计划管理

（一）单项选择题

1. 关于劳动力需求计划的编制原则，下列说法错误的是（　　　）。

A. 劳务需求计划应以劳动定额为依据

B. 符合项目实施过程中进度计划变化的要求

C. 控制人工成本，实现企业劳动力资源市场化的优化配置

D. 优先选用外部劳动力

2. 关于劳动力需求计划的编制要求，下列说法错误的是（　　　）。

A. 要保持劳动力均衡使用

B. 要保证劳动力有一定的富余量

C. 以施工组织设计和进度计划编制依据

D. 要准确计算工程量

3. 关于劳动力管理计划的编制质量，下列说法错误的是（　　　）。

A. 与计算的工程量的准确程度有关

B. 与工期计划得合理与否有直接的关系

C. 与工期计划得合理与否有关系，但不是直接的关系

D. 工程量越准确，劳动力使用计划越准确

4. 劳动力需求计划的编制程序第一步是（　　　）。

A. 确定劳动效率　　　　　　　　　B. 确定劳动力投入量

C. 确定劳动组合　　　　　　　　　D. 确定投入强度

5. 关于劳动力的需求计划表的表格的形式，说法正确的是：（　　　）。

A. 国家及行业无统一限制，各企业可根据自身需要来制定

B. 按国家统一格式

C. 按行业统一格式

D. 既可按国家统一格式也可按行业统一格式

6. 编制劳动力总需求计划时，在资料比较少，一般在仅具有施工方案和生产规模的资料的情况下，使用下列哪一种方法。（   ）

　　A. 概算定额法　　　B. 经验比较法　　　C. 分项综合系数法　D. 公式法

7. 劳动力负荷曲线是（   ）的包络曲线。

　　A. 劳动力动员排列图　　　　　　　　B. 劳动力动员横道图

　　C. 劳动力动员直方图　　　　　　　　D. 劳动力动员网络图

8. 当绘制企业各项目劳动力负荷曲线数据不足时，可以采用（   ）。

　　A. 标准（典型）横道法　　　　　　　B. 标准（典型）直方图法

　　C. 标准（典型）曲线法　　　　　　　D. 劳动力动员直方图法

9. 关于劳务管理计划的目标的确定，说法正确的是：（   ）。

　　A. 劳务管理的目标只确定总目标

　　B. 劳务管理的目标不应将总目标和分目标分别设置

　　C. 劳务管理的目标应分为总目标和分目标

　　D. 劳务管理的目标只设置分目标

10. 劳动力需求量计划还应包括对现场其他人员的使用计划，现场其他人员是指（   ）。

　　A. 总包单位现场管理人员　　　　　　B. 专业分包单位现场管理人员

　　C. 施工劳务单位现场管理人员　　　　D. 工地警卫、勤杂人员

11. 劳动力的需求，要求项目部以（   ）进行申报。

　　A. 口头表达的形式向公司劳务主管部门

　　B. 书面的形式向公司人事主管部门

　　C. 表格的形式向公司安全主管部门

　　D. 表格的形式向公司劳务主管部门

12. 劳动效率可以在《建设工程劳动定额》中直接查到，它代表（   ）的劳动效率。

　　A. 社会平均水平　　　　　　　　　　B. 社会平均先进水平

　　C. 该企业平均水平　　　　　　　　　D. 该企业先进水平

13. 某工程承包作业 5000m²，计划每平方米单位用工 5 个工日，每个工日单价 40 元，计划工期为 306 天，计划劳动生产率指数为 120%。计划平均人数为（   ）人。（保留整数）

　　A. 80　　　　　　　　B. 82　　　　　　　　C. 90　　　　　　　　D. 100

14. 某工程承包作业 5000m²，计划每平方米单位用工 5 个工日，每个工日单价 40 元，计划工期为 306 天，计划劳动生产率指数为 120%。计划工资总额（   ）万元。（保留整数）

　　A. 50　　　　　　　　B. 100　　　　　　　C. 200　　　　　　　D. 1000

15. 某工程承包作业 5000m²，计划每平方米单位用工 5 个工日，每个工日单价 40 元，计划工期为 306 天，计划劳动生产率指数为 120%。计划用工为（   ）工日。（保留整数）

　　A. 82　　　　　　　　B. 100　　　　　　　C. 200000　　　　　　D. 20833

16. 某工程队有建安工人 300 人，月计划完成施工产值 3750000 元，百元产值工资系数为 14%，计划工资总额为（   ）元。

A. 1750 B. 12500 C. 52500 D. 53300

17. 某工程队有建安工人 300 人，月计划完成施工产值 3750000 元，百元产值工资系数为 14％，计划工人劳动生产率为 （　　） 元/人。

A. 1750 B. 12500 C. 13000 D. 52500

18. 某工程队有建安工人 300 人，月计划完成施工产值 3750000 元，百元产值工资系数为 14％，计划平均工资 （　　） 元。

A. 1750 B. 1800 C. 12500 D. 52500

19. 编制劳务用工需求量计划应该在 （　　） 阶段。

A. 决策 B. 施工前准备 C. 施工 D. 投标

20. 在施工准备阶段，（　　） 首先根据投标文件中的施工组织设计编制劳务用工需求量计划。

A. 总承包单位公司 B. 施工劳务企业
C. 项目部 D. 劳务队伍

21. 公司编制的劳务用工需求量计划表与项目部编制的劳务用工需求量计划表相比，增加了 （　　） 要求。

A. 需求人数 B. 时间 C. 平衡人数 D. 签字要求

22. 按工期进度要求及实际劳务人员需求量，以 （　　） 为单位，编制项目部劳务人员需求计划表。

A. 时间 B. 施工部位 C. 工程项目 D. 劳务队伍

23. 由于设计变更或其他情况，往往会产生工程量的变化。（　　） 应根据劳务净需求的新增（减）部分，制定具体的补充或调剂计划。

A. 公司劳务主管部门 B. 项目部
C. 施工劳务企业 D. 劳务队伍

24. 总承包企业的 （　　），根据自有劳动力数量，进行劳动力平衡，确定缺口量，提出解决途径。

A. 劳务主管部门 B. 人力资源部门 C. 工程部 D. 项目部

25. 下列不属于培训需求的类别的是 （　　） 层次分析。

A. 工程项目 B. 工程类别 C. 工作岗位 D. 员工个人

26. 对政府的产业政策的分析属于 （　　） 层次分析。

A. 企业 B. 工程项目 C. 工作岗位 D. 员工个人

27. 主要确定企业的各个工程项目范围内的培训需求属于 （　　） 层次分析。

A. 企业 B. 工程项目 C. 工作岗位 D. 员工个人

28. 关于培训需求的阶段分析，下列说法正确的是 （　　）。

A. 是对目前培训需求分析

B. 是对未来培训需求分析

C. 是对正在进行的培训需求分析

D. 主要有目前培训需求分析及未来培训需求分析两种

29. 关于培训需求分析的作用，下列说法错误的是 （　　）。

A. 充分认识现状与目的差距

B. 促进劳务管理工作和劳务培训工作的分离

C. 提供解决实际问题的方法

D. 能够得出大量员工培训的相关成果

30. 找差距一般包含三个环节，关于这三个环节下列说法错误的是（　　）。

A. 一是必须对所需要的知识、技能、能力进行分析

B. 二是必须对现实缺少的知识、技能、能力进行分析

C. 三是必须对所需要的知识，技能、能力与现有的知识、技能、能力之间的差距进行分析

D. 这三个环节没有顺序关系，但必须全部进行，以保证分析的有效性

31. 下列（　　）不属于劳务培训计划的编制原则。

A. 理论与实践相结合的原则

B. 培训与提高相结合的原则

C. 职业道德培训与专业素质相结合原则

D. 人员培训与企业文化相适应原则

32. 从培训的三方面内容，即（　　）看，三者必须兼备，缺一不可。

A. 知识、技能和态度　　　　　　　　B. 知识、技能和素质

C. 知识、道德和态度　　　　　　　　D. 素质、技能和态度

33. 培训时要积极发挥学员的主观能动性性，强调学员的参与意识，是由（　　）原则决定的。

A. 理论与实践相结合

B. 培训与提高相结合

C. 职业道德培训与专业素质相结合

D. 人员培训与企业文化相适应

34. 下列（　　）培训属于劳务培训计划的分类。

A. 素质　　　　　　B. 理论　　　　　　C. 职业道德　　　　　　D. 专项

35. 关于编制培训计划的要求，下列说法错误的是（　　）。

A. 要理论与实践相结合

B. 要思想和专业相结合

C. 要思想和专业相结合

D. 要与组织战略、组织文化相结合

36. 下列属于培训后评估的主要内容的是（　　）。

A. 反应评估即在课程刚结束的时候，了解学员对培训项目的主观感觉和满意程度

B. 学习评估主要是评价参加者通过培训学习态度的变化

C. 行为评估主要是评估学员在工作中的思维方式有多大程度的改变

D. 结果评估着眼于由培训项目引起的工作过程的变化情况

（二）多项选择题

1. 施工劳动力具有以下特点（　　）。

A. 以使用劳务分包企业劳动力为主

B. 以农村劳动力为主

C. 以使用本企业劳动力为主

D. 高技能工人少，一般技工和普通工多

E. 女性工人少，男性工人多

2. 根据使用时间的不同，劳动力需求计划可分为（　　　）。

A. 劳动力总需求计划

B. 正常劳动力需求计划

C. 特殊情况需求计划

D. 年度劳动力需求计划

E. 月劳动力需求计划等

3. 符合劳动力需求计划的编制要求的是：（　　　）。

A. 要保持劳动力均衡使用

B. 根据工程的实物量和定额标准分析劳动需用总工日

C. 根据施工组织设计和进度计划确定各个阶段的生产工人的数量和及各工种人员之间的比例

D. 对工程量进行估算

E. 要准确计算工程量

4. 总承包企业的劳务主管部门应依据本公司生产部门的生产计划，制定劳动力招用、管理和储备的计划草案，汇总本公司各项目部计划需求后，按照（　　　）提出解决途径。

A. 劳务队伍类型（工种）

B. 需求时限

C. 根据自有劳动力数量，进行劳动力平衡

D. 确定缺口量

E. 不需要考虑自有劳动力数量

5. 劳动力负荷曲线的原始条件包括（　　　）项目总体施工统筹计划；设备材料的交货方式、交货时间、供货状态等。

A. 施工项目的工程范围、工作规范、工程设计、施工图设计

B. 施工项目所在地区的环境条件

C. 项目部组织结构

D. 项目的分部、分项工程量

E. 项目保修期限

6. 在劳动力负荷曲线的绘制方法的类比法中所提到的类比系数是指：（　　　）。

A. 进度比例系数

B. 预算与概算比例系数

C. 规模系数

D. 投资比例系数

E. 建安估算值比例系数

7. 一般工程项目的施工劳动力的来源主要有（　　　）。

A. 企业自有工人　　B. 劳务企业工人　　C. 劳务派遣工人

D. 临时工　　　　　　E. 项目总承包管理公司自有工人

8. 符合劳动力需求计划的编制原则的是（　　　）。

A. 劳务需求计划应围绕项目的施工组织设计中工程项目的开、竣工日期和施工部位及工程量，计算具体劳务需求的各工种的人员数量

B. 符合项目实施过程中进度计划变化的要求

C. 控制人工成本，实现企业劳动力资源市场化的优化配置

D. 本单位劳动力与外部劳动力等同考虑

E. 根据企业需要选择专业分包、劳务分包队伍，提供合格劳动力，保证工程进度及工程质量、安全生产的要求

9. 下列属于培训需求分析的方法的有（　　　）分析方法。

A. 诺伊　　　　　　B. 保罗　　　　　　C. 必要性

D. 灵活性　　　　　E. 充分性

10. 人员培训与企业文化相适应原则要求，培训应（　　　）。

A. 服务于企业的总体发展战略

B. 有助于企业文化的形成和发展

C. 有助于企业管理工作的程序化

D. 超前于市场需求

E. 与时俱进

（三）判断题（正确填 A，错误填 B）

1. 检查的目的，是将实际值与目标值进行比较，寻找两者之间的偏差。为下一个环节提供准确、有效的数据，以便于决策。　　　　　　　　　　　　　　　　（　　）

2. 劳务管理计划是根据项目本身施工生产需要所制定的。　　　　　　　　（　　）

3. 劳动力需求计划只包括项目部的劳动力需求计划。　　　　　　　　　　（　　）

4. 根据使用对象的不同，劳动力需求计划可分为企业劳动力需求计划和项目部劳动力需求计划。　　　　　　　　　　　　　　　　　　　　　　　　　　　（　　）

5. 劳动力使用不均衡，不仅会给劳动力调配带来困难，还会出现过多、过大的需求高峰，同时也增加了劳动力的管理成本，还会带来住宿、交通、饮食、工具等方面的问题。　　　　　　　　　　　　　　　　　　　　　　　　　　　　　　（　　）

6. 劳动力投入量也称劳动组合或投入强度。　　　　　　　　　　　　　　（　　）

7. 整个过程分为三个阶段，项目施工前准备阶段、项目施工阶段、项目竣工阶段。
　　　　　　　　　　　　　　　　　　　　　　　　　　　　　　　　　（　　）

8. 项目部劳务管理制度可以复制公司的劳务管理制度。　　　　　　　　　（　　）

9. 劳务需求预测应以劳动定额为依据。　　　　　　　　　　　　　　　　（　　）

10. 劳动力需求计划表的样式是固定的，不能更改。　　　　　　　　　　（　　）

11. 由于设计变更或其他情况，往往会产生工程量的变化。项目部应根据劳务净需求的新增（减）部分，制定具体的补充或调剂计划。　　　　　　　　　　　　（　　）

12. 总承包企业的劳务主管部门应依据本公司生产部门的年度、季度、月度生产计划，制定劳动力招用、管理和储备的计划草案。　　　　　　　　　　　　　　（　　）

13. 对参加培训的农民工给予适当培训费补贴。　　　　　　　　（　　）

14. 分析劳务培训需求就是判断劳务管理人员和劳务作业人员是否需要培训以及分析培训内容的一种活动或者过程。　　　　　　　　　　　　（　　）

15. 工作项目层次分析主要是确定各个工作岗位的员工达到理想的工作业绩所必须掌握的技能和能力。　　　　　　　　　　　　　　　　　（　　）

16. 劳务培训计划必须满足企业和劳务人员两方面的需求，必须兼顾企业资源条件和劳务人员素质基础，必须充分考虑劳务人员培养的现实具体要求、超前性及培训结果的不确定性。　　　　　　　　　　　　　　　　　　　　　　　　（　　）

17. 完整的培训评估分为两个阶段：培训前评估、培训后评估。　（　　）

18. 培训总结是在培训评估的基础上，对培训全过程的科学合理地报告。　（　　）

（四）案例分析题

某项目基础底板施工，合同约定工期 45 天，项目经理部根据业主提供的电子版图纸编制了施工进度（如图），底板施工暂未考虑流水施工。

施工进度计划图

代号	施工过程	6 月						7 月					
		5	10	15	20	25	30	5	10	15	20	25	30
A	基底清理												
B	垫层与砖胎膜												
C	防水层施工												
D	防水保护层												
E	钢筋制作												
F	钢筋绑扎												
G	混凝土浇筑												

因业主未按时提供正式图纸，致使工序 E 在 6 月 6 日才开始。基于安全考虑，建设单位要求仍按原合同约定的时间完成底板施工，为此施工单位采取调整劳动力计划，增加劳动力等措施，在 15 天内完成了 2700t 钢筋制作（工效为 4.5t/人·工作日）。

1. 钢筋制作的劳动力投入量为（　　）工日（单项选择题）。

A. 15　　　　　　　B. 40　　　　　　　C. 90　　　　　　　D. 180

2. 劳动力总需求计划的编制程序中，第一步是：（　　）（单项选择题）。

A. 确定劳动力投入量　　　　　　　B. 确定劳动效率

C. 计算流水步距　　　　　　　　　D. 计算流水节拍

3. 本工程编制劳动力需求计划时，需要考虑以下参数：（　　）。（多项选择题）

A. 工期　　　　　　　　　　　　　B. 工程量

C. 时间定额或产量定额　　　　　　D. 流水节拍　　　　　E. 班次

4. 劳动力总需求计划的编制方法不包括（　　）。（单项选择题）

A. 经验比较法　　　　　　　　　　B. 分项综合系数法

C. 概算定额法　　　　　　　　　　D. 技术测定法

5. 劳务需求计划应以劳动定额为依据。（　　）（判断题，正确填 A，错误填 B）

6. 根据使用对象的不同，劳动力需求计划可分为正常劳动力需求计划和特殊情况需求计划。（　　）（判断题，正确填 A，错误填 B）

第 4 章　劳动合同管理

（一）单项选择题

1. 劳动合同是用人单位与劳动者进行双向选择、确定劳动关系、明确双方权利和义务的协议，是保护（　　）合法权益的基本依据。

A. 用人单位　　　　　　　　　　B. 用人单位

C. 劳动者和用人单位双方　　　　D. 第三方

2. 用人单位与劳动者订立劳动合同时，应当遵循（　　）、公平、平等自愿、协商一致、诚实信用的原则。

A. 合理　　　　　B. 合法　　　　　C. 合情　　　　　D.　合规

3. 劳动合同的主体是（　　）。

A. 用人单位　　　　　　　　　　B. 劳动者

C. 参与第三方　　　　　　　　　D. 用人单位和劳动者

4. （　　）是指用人单位与劳动者约定无确定终止时间的劳动合同。

A. 固定期限劳动合同

B. 无固定期限劳动合同

C. 以完成一定工作任务为期限的劳动合同

D. 书面合同

5. 劳动者需连续订立二次固定期限劳动合同，有下列（　　）情形，不可以续订劳动合同。

A. 违反用人单位的规章制度

B. 劳动者同时与其他用人单位建立劳动关系，对完成本单位的工作任务造成严重影响，或者经用人单位提出，拒不改正

C. 劳动者患病或者非因工负伤，在规定的医疗期满后不能从事原工作，但可以从事由用人单位另行安排的工作

D. 劳动者不能胜任工作，经过培训或者调整工作岗位后能胜任工作

6. 非全日制用工，是指以小时计酬为主，劳动者在同一用人单位一般平均每日工作时间不超过（　　）小时，每周工作时间累计不超过（　　）小时的用工形式。

A. 三　十八　　B. 四　二十四　　C. 五　三十　　　　D. 六　三十六

7. 非全日制用工劳动报酬结算支付周期不得超过（　　）日。

A. 七　　　　　　B. 十四　　　　　C. 十五　　　　　　D. 二十一

8. 劳动派遣单位应当与被派遣劳动者订立（　　）年以上的固定期限劳动合同，按月支付劳动报酬；被派遣劳动者在无工作期间，劳务派遣单位应当按照所在地人民政府规定的最低工作标准，向其按月支付报酬。

A. 一　　　　　　B. 二　　　　　　C. 三　　　　　　D. 四

9.《劳动合同法》第十条都明确规定：建立劳动关系，应当订立书面劳动合同。已建立劳动关系，未同时订立书面劳动合同的，应当自用工之日起（   ）个月内订立的书面劳动合同。

A. 一　　　　　　B. 二　　　　　　C. 三　　　　　　D. 四

10. 劳动合同的主体是特定的。必须一方是具有（   ）的用人单位或能独立承担民事责任的经济组织和个人；另一方是具有劳动权力能力和劳动行为能力的劳动者。

A. 用人资格　　　B. 法人资格　　　C. 招人资格　　　D. 法定资格

11. 以下属于劳动合同必备条款的是（   ）。

A. 劳动报酬　　　B. 试用期　　　　C. 保守商业秘密　　D. 福利待遇

12. 根据我国《合同法》的有关规定，采用格式条款订立合同的，提供格式条款的一方应遵循（   ）原则确定当事人之间的权利和义务，并采取合理的方式提请对方注意免除或者限制其责任的条款，按照对方的要求，对该条款予以说明。

A. 公平　　　　　B. 公正　　　　　C. 公开　　　　　D. 合法

13. 在劳动合同必备条款中，工作内容是指（   ）所指向的对象，即劳动者具体从事什么种类或者内容的劳动，这里的工作内容是指工作岗位和工作任务或职责。

A. 劳动关系　　　B. 合同关系　　　C. 劳动法律关系　　D. 用人关系

14. 休息休假的权利是每个国家的公民都应享受的权利，劳动法第三十八条规定："用人单位应当保证劳动者每周至少休息（   ）日。"

A. 一　　　　　　B. 二　　　　　　C. 三　　　　　　D. 四

15. 劳动合同法第十九条规定："劳动合同期限一年以上三年以下的，试用期不得超过（   ）个月"。

A. 一　　　　　　B. 二　　　　　　C. 三　　　　　　D. 六

16. 劳动合同法第二十条对试用期的工资作出了明确规定，即：劳动者在试用期的工资不得低于本单位同岗位最低档工资或者劳动合同约定工资的（   ），并不得低于用人单位所在地的最低工资标准。

A. 百分之六十　　　　　　　　　　B. 百分之七十

C. 百分之八十　　　　　　　　　　D. 百分之九十

17. 根据《劳动合同法》的规定，劳动者不能胜任工作，经过培训或者调整工作岗位，仍不能胜任工作的，用人单位可以提前（   ）日以书面形式通知劳动者本人或者额外支付劳动者（   ）个月工资后，解除劳动合同。

A. 30　一　　　B. 30　二　　　C. 60　一　　　D. 60　二

18. 根据劳动合同法的规定：（   ）必须依法进行，必须满足法律规定的条件。

A. 协商解除劳动合同

B. 单方解除劳动合同

C. 过错性解除劳动合同

D. 履约期满后终止劳动合同

19. 劳动者有下列情形之一的，用人单位不可以解除劳动合同：（   ）。

A. 在试用期内被证明不符合录用条件的

B. 违反用人单位的规章制度的

C. 严重失职，营私舞弊，给用人单位造成重大损害的

D. 因以欺诈、胁迫的手段或者乘人之危，使对方在违背真实意思的情况下订立或者变更劳动合同的

20. 根据《劳动法》第二十九条、《劳动合同法》第四十二条规定与在孕期、产期、哺乳期的女职工（　　）劳动合同。

　　A. 终止　　　　　　B. 变更　　　　　　C. 解除　　　　　　D. 履行

21.《劳动合同法》四十一条规定，有下列情形之一，需要裁减人员 20 人以上或者裁减不足 20 人但占企业职工总数 10％以上的，用人单位应提前（　　）日向工会或者全体职工说明情况，听取工会或者职工的意见后，将裁减人员方案上报劳动行政部门。

　　A. 10　　　　　　B. 20　　　　　　C. 30　　　　　　D. 40

22.《劳动合同法》第三十七条规定，劳动者提前（　　）日以书面形式通知用人单位，可以解除劳动合同。劳动者在试用期内提前（　　）日通知用人单位，可以解除劳动合同。

　　A. 10　6　　　　　B. 20　3　　　　　C. 30　6　　　　　D. 30　3

23. 劳动合同审查，是指劳动行政主管部门审查、证明劳动合同真实性、合法性的一项（　　）措施。

　　A. 行政监督　　　　B. 保障　　　　　　C. 保证　　　　　　D. 法律

24. 劳动合同依法订立即具有法律约束力，（　　）应当履行劳动合同规定的义务。

　　A. 用人单位　　　　　　　　　　　　B. 劳动者

　　C. 用人单位与劳动者　　　　　　　　D. 第三方

25.（　　）是劳动者与用人单位之间建立劳动关系的法律依据，是双方当事人明确各自权利与义务的基本形式，也是劳动者维护自身合法权益的最直接的证据。

　　A. 劳动合同　　　　B. 劳务合同　　　　C. 口头协议　　　　D. 书面协议

26. 劳动法第四十八条规定了国家实行最低工资保障制度，用人单位支付劳动者的工资不得低于（　　）的最低工资标准。

　　A. 国家　　　　　　B. 所在省　　　　　C. 当地　　　　　　D. 用人单位

27. 关于工资发放形式，我国劳动法第五十条明确规定了，工资应当以（　　）形式。

　　A. 实物　　　　　　B. 货币　　　　　　C. 有价证券　　　　D. 代购券

28. 所谓特殊情况下的工资支付是指在非正常情况下或者暂时离开工作岗位时，按照国家法律、法规规定的对劳动者的工资支付。下列哪种特殊情况，劳动者不应取得工资支付。（　　）

　　A. 劳动者依法参加社会活动期间的工资支付

　　B. 非因劳动者原因停工期间的工资支付

　　C. 劳动者有私事外出期间的工资支付

　　D. 产假期间的工资支付

29. 劳动合同法第三十条第二款规定了用人单位拖欠或者未足额发放劳动报酬的，劳动者可以依法向当地人民法院申请（　　）。

　　A. 法律援助　　　　B. 诉讼　　　　　　C. 调解　　　　　　D. 支付令

30. 劳动合同法第三十二条规定：劳动者拒绝用人单位管理人员违章指挥、强令冒险作业的，不视为违反（　　　　）；对危害生命安全和身体健康的劳动条件，有权提出批评、检举和控告。

A. 法律
B. 法规
C. 用人单位规章制度
D. 劳动合同

31. 用人单位和劳动者签订劳动合同要遵循（　　　）的原则。

A. 平等自愿、协商一致
B. 公平
C. 公正
D. 公开

32. 劳动合同作为劳动关系双方当事人权利义务的协议，劳动合同法第十条明确规定，劳动合同应当以（　　　）形式订立。

A. 口头　　　　B. 书面　　　　C. 公开　　　　D. 公证

33. 根据劳动合同法规定，用人单位自用工之日起满一年不与劳动者订立书面劳动合同的，视为用人单位与劳动者已订立（　　　）。

A. 固定期限合同

B. 无固定期限劳动合同

C. 以完成一定工作任务为期限的劳动合同

D. 书面合同

34. 用人单位自用工之日起超过一个月但不满一年未与劳动者订立书面劳动合同的，应当向劳动者支付（　　　）倍的月工资。

A. 一　　　　B. 二　　　　C. 三　　　　D. 四

35. 在审查劳动合同的主体中对劳动者资格合法的条件是：劳动者应当是年满（　　　）周岁，具备民事行为能力，身体条件和工作能力符合用人单位招聘条件。

A. 16　　　　B. 17　　　　C. 18　　　　D. 20

36. 订立劳动合同主体必须合法，下列哪类人员属于具有签订劳动合同主体资格劳动者的条件之一。（　　　）

A. 劳动者未与其他用人单位建立劳动关系

B. 在校学生

C. 现役军人

D. 离退休人员

（二）多项选择题

1. 在劳动合同的种类中按照劳动期限的劳动合同划分，劳动合同可分为（　　　）。

A. 固定期限劳动合同

B. 无固定期限劳动合同

C. 以完成一定工作任务为期限的劳动合同

D. 全日制用工劳动合同

E. 非全日制用工劳动合同

2. 劳动者连续订立二次固定期限劳动合同，且没有下列（　　　）情形，可以签订无固定期限劳动合同。

A. 在试用期间被证明不符合录用条件的

B. 违反用人单位的规章制度失职的

C. 营私舞弊，给用人单位造成重大损害的

D. 被依法追究刑事责任的

E. 劳动者患病或者非因工负伤，在规定的医疗期满后不能从事原工作，也不能从事由用人单位另行安排的工作的

3. 劳动合同的必备条款是指法律规定的劳动合同必须具备的内容，根据《劳动合同法》第十七条第一款的规定，以下条款中属于劳动合同必备条款的是（　　）。

A. 用人单位的名称、住所和法定代表人或者主要负责人

B. 劳动合同期限

C. 工作时间和休息休假

D. 福利待遇

E. 社会保险

4. 劳动合同中的劳动报酬，是指劳动者与用人单位确定劳动关系后，因提供了劳动而取得的报酬，下列哪几项包含在劳动报酬里？（　　）

A. 用人单位工资水平、工资分配制度、工资标准和工资分配形式

B. 工资支付办法

C. 加班、加点工资及津贴、补贴标准和奖金分配办法

D. 工资调整办法

E. 职工私假期间的工资待遇

5. 根据劳动合同法第十七条第二款规定，劳动合同除必备条款外，当事人可以协商约定其他内容，下列哪些条款属于法定可备条款？（　　）

A. 试用期

B. 工作内容和地点

C. 培训

D. 保守商业秘密

E. 福利待遇

6. 根据《劳动合同法》的规定，劳动合同的变更应当满足以下条件：（　　）。

A. 用人单位与劳动者的协商一致

B. 采取书面形式

C. 劳动者同意

D. 法律法规要求

E. 用人单位同意

7. 《劳动合同法》四十一条规定，下列哪些情形属于需要裁减人员 20 人以上或者裁减不足 20 人但占企业职工总数 10％以上的，用人单位应提前 30 日向工会或者全体职工说明情况，听取工会或者职工的意见后，将裁减人员方案上报劳动行政部门。（　　）

A. 依照企业破产法规定进行重整的

B. 生产经营发生严重困难的

C. 企业转产、重大技术革新或者经营方式调整，经变更劳动合同后，仍需裁减人

员的

D. 其他因劳动合同订立时所依据的客观经济情况发生重大变化，致使劳动合同无法履行的

E. 企业发生亏损的

8. 为了保护劳动者的合法权益，根据我国劳动法、劳动合同法的规定，下列（　　）属于不得解除劳动合同的情形。

A. 从事接触职业病危害作业的劳动者未进行离岗前职业健康检查，或者疑似职业病病人在诊断或者医学观察期间

B. 在本单位患职业病或者因工负伤并被确认丧失或者部分丧失劳动能力

C. 患病或者非因工负伤，在规定的医疗期内

D. 女职工在孕期、产期、哺乳期

E. 在本单位连续工作满十年，且距法定退休年龄不足五年

9. 用人单位有下列哪些情形之一，劳动者可以解除劳动合同：（　　）。

A. 未按照劳动合同约定提供劳动保护或者劳动条件

B. 未及时足额支付劳动报酬的

C. 未依法为劳动者缴纳意外伤害保险费用

D. 用人单位的规章制度违反法律、法规的规定，但未损害劳动者权益

E. 因用人单位以欺诈、胁迫的手段或者乘人之危，使劳动者在违背真实意思的情况下订立或者变更劳动合同而致使劳动合同无效

10. 有以下特殊情况之一的，劳动者应取得工资支付：（　　）。

A. 劳动者参加社会活动期间的工资支付

B. 因劳动者原因停工期间的工资支付

C. 劳动者休假期间的工资支付

D. 劳动者在享受探亲假期间的工资支付

E. 产假期间的工资支付

（三）判断题（正确填 A，错误填 B）

1. 根据《劳动法》等劳动法律、法规，依法订立的劳动合同受国家法律的保护，对劳动者产生约束力，是处理劳动争议的直接证据和依据。　　　　　　（　　）

2. 劳动者在该用人单位连续工作满十年的，在续订合同时，应当订立无固定期限劳动合同。　　　　　　　　　　　　　　　　　　　　　　　　　　（　　）

3. 用人单位自用工之日起满一年不与劳动者订立书面劳动合同的，视为用人单位与劳动者已订立固定期限劳动合同。　　　　　　　　　　　　　　　（　　）

4. 非全日制用工双方当事人不可以订立口头协议。　　　　　　　　（　　）

5. 劳动合同的性质决定了劳动合同的内容以商定为多、为主，以法定为少、为辅。　　　　　　　　　　　　　　　　　　　　　　　　　　　　　　　（　　）

6. 工作内容和工作地点为劳动合同的其他条款及当事人约定事项中的内容之一。
　　　　　　　　　　　　　　　　　　　　　　　　　　　　　　　（　　）

7. 同一用人单位与同一劳动者只能约定一次试用期。（ ）

8. 以完成一定工作任务为期限的劳动合同或者劳动合同期限不满三个月的，可以约定试用期。（ ）

9. 劳动合同的变更是指劳动合同双方当事人依照法律规定或约定，对劳动合同内容进行修改或者补充的协商行为。（ ）

10. 《劳动合同法》规定，变更劳动合同应当遵循公平、公正的原则，不得违反法律、行政法规的规定。（ ）

11. 劳动者医疗期届满劳动者不能从事原工作，用人单位可以单方变更劳动合同，无须与劳动者协商一致。（ ）

12. 劳动者在试用期后被证明不符合录用条件，用人单位可以解除劳动合同。（ ）

13. 劳动者患病或者非因工负伤，医疗期满后，不能从事原工作也不能从事由用人单位另行安排的工作，用人单位有权解除劳动合同。（ ）

14. 如企业需裁减人员时，家庭无其他就业人员，有需要扶养的老人或者未成年人的劳动者应当优先留用。（ ）

15. 如劳动者在本单位连续工作满十五年，且距法定退休年龄不足十年，用人单位不得解除劳动合同。（ ）

16. 用人单位以暴力、威胁或者非法限制人身自由的手段强迫劳动者劳动的，或者用人单位违章指挥、强令冒险作业危及劳动者人身安全的，劳动者可以立即解除劳动合同，但需事先告知用人单位。（ ）

17. 劳动合同违约责任，是指劳动合同当事人因过错而违反劳动合同的约定，不履行劳动合同的义务应承担的法律责任。（ ）

18. 从我国现行劳动立法看，当事人违反劳动合同的约定，实施了不履行或不完全履行劳动合同的行为，必须承担的违约责任，包括行政责任、经济责任和刑事责任三种。（ ）

19. 劳动关系确立后，劳动者可以将应由自己完成的工作交由第三方代办。（ ）

20. 劳动合同由用人单位与劳动者协商一致，并经用人单位与劳动者在劳动合同文本上签字或者盖章生效，劳动合同文本应当由用人单位保存。（ ）

21. 按照国家法律、法规规定劳动者在休假期间应得到工资支付。（ ）

22. 用人单位和劳动者对劳动合同的无效或者部分无效有争议的，由劳动争议仲裁机构或者人民法院确认。（ ）

23. 用人单位与劳动者签订劳动合同的应当是法人或法人授权委托的代理人。（ ）

（四）案例分析题

某建筑公司招聘了孙某（男）和赵某（女）两大学生分别在项目部担任施工员和在公司担任文职工作，均签订了为期 3 年的劳动合同。在合同内约定，试用期 3 个月，试用期工资 1800 元（当地最低工资标准是 1770 元），转正后工资为 3600 元。刚从学校毕业的两人，急于找工作，均对以上合同约定无异议。参加工作 1 个月以后，因孙某谈恋爱开销大，1800 元的工资在当地根本无法生活下去，孙某觉得自己已经能够完全胜任目前的工作，于是孙某去找领导希望提前转正，同工同酬；但被告知，公司发给他的工资高于当地的最低工资标准，完全合法，公司的规定不能为了某个人而破先例。一年以后，赵某怀孕。自从有了身孕以后，赵某的整个工作态度都改变了，之前兢兢业业地工作的她变得有点懒散，很多事情都不情愿从事了，失去了工作的积极性和责任心。2015年3月，该公司与一家房地产开发公司要签订一份合同，由赵某进行记录打印；因时间紧，该公司安排怀孕3个月的赵某延长工作时间加班整理合同。在打印过程中，赵某把双方合同约定的工程款由1500万美元打印成了1450万美元，导致该公司与房地产开发公司签订的合同受到了一定的损失。之后公司查明是由于赵某失职造成的这样结果，因此公司立即与赵某解除了劳动合同。但赵某认为自己是在孕期，公司是没有权利解除自己的劳动合同的。双方因此应发了争议。

1. 建筑公司与孙某和赵某签订为期3年的劳动合同，其试用期不得超过（   ）。（单项选择题）

A. 1个月   B. 2个月   C. 3个月   D. 6个月

2. 根据《劳动合同法》第20条规定，建筑公司给孙某和赵某发的试用期工资至少为（   ）元。（单项选择题）

A. 1770   B. 1800   C. 2880   D. 3600

3. 劳动者有下列哪种情形，用人单位可以解除劳动合同（   ）。

A. 违反用人单位的规章制度

B. 由于本人失职，营私舞弊，给用人单位造成一定损失

C. 劳动者同时与其他用人单位建立劳动关系，对完成本单位的工作任务造成严重影响，或者经用人单位提出，拒不改正

D. 被依法追究民事责任

4. 女职工在（   ）的，用人单位不能以医疗期满、不胜任工作、客观情况发生重大变化以及裁员为由与之解除劳动合同？（多项选择题）

A. 孕期   B. 产期   C. 哺乳期   D. 休养期

E. 例假期

5. 在试用期内，孙某因自己已能够完全胜任目前的工作，要求领导给予"提前转正，同工同酬"的做法是正确的。（   ）（判断题，正确填A，错误B）

6. 因赵某工作失职，导致公司受到一定的损失，该公司可以开除怀孕的赵某。（   ）（判断题，正确填A，错误填B）

第5章 劳务分包管理

（一）单项选择题

1. 相对于旧的资质标准，新标准发生了一些变化。以下说法正确的是：（   ）。

A. 企业资产要求降低

B. 增加了经营场所的要求

C. 降低了对技术负责人的要求

D. 减少了对技术工人的数量要求

2. 相对旧的资质标准新标准主要有如下变化，以下说法错误的是：（　　　）。

A. 增加了对持有岗位证书的施工现场管理人员的要求

B. 提高了对技术工人的数量要求

C. 增加了对业绩的要求

D. 取消了对机具的要求

3. 对劳务人员安全、卫生方面的规定，下列说法错误的是（　　　）。

A. 上岗作业前必须先进行两级（项目部、班组）安全教育，经考试合格后方能上岗作业；凡变换岗位的，必须进行新岗位安全教育

B. 正确使用个人防护用品，工人进入施工现场必须正确佩戴安全帽，在没有防护设施的高处作业，必须系好安全带

C. 坚持文明施工，杂物及时清理，材料堆放整齐

D. 禁止攀爬脚手架、安全防护设施等。严禁乘坐提升机吊笼上下

4. 以下说法错误的是（　　　）。

A. 有效的控制粉尘、噪声

B. 合理处置固体废物、泥浆等

C. 对环境的产生污染的和危害的物质妥善处理

D. 对有毒、有害物质进行焚烧处理

5. 招标的组织形式有自行招标和（　　　）两种。

A. 公开招标　　　　B. 委托招标　　　　C. 邀请招标　　　　D. 部分招标

6. 一般来讲劳务招标文件的条款不包括（　　　）。

A. 投标人资格预审情况　　　　　　B. 投标报价要求

C. 劳务费的结算与支付　　　　　　D. 工程适用的标准和规范

7. 下列不属于中标人的投标应当符合的条件是（　　　）。

A. 能够最大限度满足招标文件中规定的各项综合评价标准

B. 能够满足招标文件的实质性要求

C. 并且经评审的投标价格低于成本的最低价

D. 并且经评审的投标价格不低于成本的最低价

8. 劳务员根据公司所批复的项目进度计划和劳动力使用计划编制进场（　　　）一览表。

A. 材料和设备　　　B. 人员和设备　　　C. 工种和人数　　　D. 材料和工种

9. 按照分包和总包方的意愿，劳务分包退场的基本形式是（　　　）。

A. 正常终止合同，总包方终止合同，劳务分包申请退场

B. 建设单位终止合同，劳务分包要求退场，总包方终止合同

C. 正常终止合同，总包方有权终止合同，劳务分包无条件退场

D. 总包方要求终止合同，劳务分包申请退场，监理提出终止合同

10. 劳务分包队伍安全教育培训包括（　　　）三方面内容。

A. 意识、措施、技能　　　　　　　B. 意识、知识、规章

C. 意识、知识、技能　　　　　　　D. 意识、知识、措施

11. 项目部安全教育由（　　　）组织实施。

A. 安全员　　　　　B. 项目经理　　　　C. 劳务员　　　　D. 劳务队伍负责人

12. 劳务人员工资，采用固定劳务报酬方式的，（   ）。

A. 施工过程中不计算工时和计算工程量

B. 施工过程中不计算工时和不计算工程量

C. 施工过程中计算工时和计算工程量

D. 施工过程中计算工时和不计算工程量

13. 项目部按工资支付表将劳务工工资以（   ）直接发放到本人，严禁发放给"包工头"或其他不具备用工主体资格的组织和个人。

A. 实物形式　　　　B. 有价证券　　　　C. 货币形式　　　　D. 代金券

14. 劳务作业人员工资（   ）工程所在地最低工资标准。

A. 不得低于　　　　B. 不得高于　　　　C. 持平于　　　　D. 要高于

15. 工程承包人应对施工劳务企业工资支付进行监督，督促其依法支付民工工资。（   ）应当在工程项目所在地银行开设用于支付劳务员工工资的专用账户，按规定将工资款项存入专用账户。

A. 建设单位　　　　B. 总包单位　　　　C. 劳务分包企业　　D. 劳务施工队

16. 劳务分包是工程承包人将建筑工程施工中的劳务作业发包给（   ）其他劳务企业的行为。

A. 有实力的　　　　　　　　　　B. 劳务专业完全对口的

C. 具有劳务资质的　　　　　　　D. 劳务技能水平高的

17. 劳务分包人承诺，按照法律规定及合同约定组织完成（   ），确保劳务作业质量和安全，不进行转包及再分包，并按时足额的向劳务作业人员发放工资。

A. 工程施工　　　　　　　　　　B. 提供合格的工作

C. 劳务分包工作　　　　　　　　D. 满足合同要求的工作

18. 在合同订立及履行过程中形成的与合同有关的文件均构成合同文件组成部分，并根据其（   ）确定优先解释顺序。

A. 重要程度　　　　　　　　　　B. 承包人的要求

C. 劳务分包人的要求　　　　　　D. 性质

19. 与合同有关的通知、指令等文件，均应采用（   ），并应在合同约定的期限内送达接收人和送达地点。

A. 书面形式　　　　B. 联系方式　　　　C. 告知形式　　　　D. 登记形式

20. 承包人应按工程所在地行政管理机关的（   ）对劳务作业人员的宿舍和食堂进行管理。

A. 标准和要求　　　　B. 创建文明活动　　　C. 卫生城市评比　　D. 绿色施工

21. 因承包人原因未按计划开始工作日期开始工作的，承包人应按实际开始工作日期顺延作业期限，确保实际作业期限（   ）合同约定的作业总日历天数。

A. 不高于　　　　　B. 不低于　　　　　C. 等同于　　　　　D. 不延长

22. 劳务分包人按约定完成劳务作业，必须由承包人或劳务作业现场内的第三方进行配合时，（   ）应配合劳务分包人工作或确保劳务分包人获得该第三方的配合。

A. 承包人　　　　　　　　　　　B. 需要配合的第三方

C. 工程业主　　　　　　　　　　D. 合同规定的其他人

23. 劳务分包人派驻到劳务作业现场的主要劳务作业管理人员应（　　）。

A. 有技能证书　　　　　　　　　　　B. 年龄结构合理

C. 相对稳定　　　　　　　　　　　　D. 有操作技能水平

24. 劳务作业人员在作业中受到伤害的，（　　）应立即采取有效措施进行抢救和治疗。

A. 承包人　　　　B. 项目负责人　　　　C. 劳务分包人　　　　D. 工程项目部

25. 在劳务分包合同履行期间，（　　）应采取合理措施保护劳务作业现场环境。

A. 承包人　　　　B. 工程业主　　　　C. 监理工程师　　　　D. 劳务分包人

26. 因劳务分包人原因造成作业期限延误的，劳务分包人应承担由此给（　　）造成的损失。

A. 承包人　　　　B. 工程业主　　　　C. 专业分包人　　　　D. 其他第三方

27. 劳务分包人自行提供部分低值易耗材料以及（　　）的，并应在专用合同条款中对上述材料的范围给予明确。

A. 机械设备　　　　B. 工程材料　　　　C. 周转材料　　　　D. 小型机具

28. 劳务分包人是指与承包人签订合同协议书的，具有（　　）的当事人及取得该当事人资格的合法继承人。

A. 相应劳务作业承包资质　　　　　　B. 合格劳务分包名录

C. 相同专业施工　　　　　　　　　　D. 综合劳务作业

29. 当劳务分包人要求时，承包人应向劳务分包人提供一份（　　）或复印件，但有关承包合同的价格和涉及商业秘密的除外。

A. 中标的投标文件　　　　　　　　　B. 承包人中标通知书

C. 中标项目内容　　　　　　　　　　D. 承包合同的副本

30. 承包人提供的材料在进场时应由（　　）负责验收。

A. 监理工程师　　　　B. 承包人材料员　　　　C. 劳务分包人　　　　D. 工程业主

31. 劳务分包人应遵守工程建设安全生产有关管理规定，（　　），并随时接受行业安全检查人员依法实施的监督检查，采取必要的安全防护措施，消除事故隐患。

A. 严格按安全标准进行作业　　　　　B. 制定管理制度

C. 劳务操作人员接受安全培训　　　　D. 识别判断危险源

32. 劳务分包队伍应按（　　）的书面指示，参加与其劳务作业有关的分部分项工程施工质量验收。

A. 施工总包方　　　　B. 施工监理方　　　　C. 劳务质检员　　　　D. 工程建设方

33. 劳务队伍管理是影响工程施工进度的关键因素，（　　）应加强现场劳务队伍的检查监管。

A. 施工员　　　　B. 劳务员　　　　C. 安全员　　　　D. 劳务队长

34. 劳务队伍进度考核标准中项目经理管理能力为优的是（　　）。

A. 主动执行、落实工作任务　　　　　B. 主动配合，在技术交底后自行组织施工活动

C. 能够按施工方案进行施工　　　　　D. 能够主动采取措施满足工期要求

35. 项目部针对当天（　　）要求等重要事项进行全方位交底，确保施工进度。

A. 技术措施和经济措施　　　　　　　B. 劳务人员和过程控制

C. 劳务人员和材料进场　　　　　　　D. 作业环境、工作内容和进度

36. 劳务队伍管理人员请假（　　　）。

A. 只需经劳务分包项目经理批准　　　　B. 只需经项目部劳务员的批准

C. 必须经劳务分包项目经理和项目部劳务员的批准

D. 必须经劳务分包项目经理或项目部劳务员的批准

37. 劳务作业人员的考勤主要由（　　　）。

A. 劳务分包队伍自己负责，项目部劳务员进行监管

B. 项目部劳务员负责，劳务分包队伍进行监管

C. 劳务分包队伍自己负责，不需监管

D. 项目部劳务员负责，不需监管

38. 项目部应制定例会制度，保证项目部（含劳务队伍管理人员）（　　　）碰头会。

A. 每月不少于一次　　　　　　　　　B. 每月不少于两次

C. 每周不少于一次　　　　　　　　　D. 每周不少于两次

39. 劳务队伍进场后，安全员和劳务员共同对劳务队伍管理人员和作业人员的公司级安全教育资料进行检查，重点检查（　　　）。

A. 是否有签字　　　　　　　　　　　B. 是否由本人签字

C. 安全教育资料的内容　　　　　　　D. 安全教育资料的格式

40. 下列（　　　）是影响工程施工进度的最关键因素。

A. 劳务队伍的管理　　　　　　　　　B. 进度计划的分解

C. 劳务人员的培训　　　　　　　　　D. 劳务队伍的考核

41. 劳务分包队伍在完成全部劳务作业后，向（　　　）提交完工报告。

A. 建设单位　　　B. 总监理工程师　　　C. 监理工程师　　　D. 承包人

42. 劳务队伍中特殊、关键岗位作业人员和主要技术工种人员必须（　　　）上岗。

A. 培训后　　　B. 考试合格后　　　C. 持证　　　D. 实习后

43. 对于队伍管理进行评价，如果队伍人员变动较大，但能及时调整、满足施工需要应评价为（　　　）。

A. 优秀　　　　　B. 良好　　　　　C. 合格　　　　　D. 不合格

44. 关于劳务队伍综合评价表。评价实行百分制，考评结果85分应为（　　　）。

A. 优秀　　　　　B. 良好　　　　　C. 合格　　　　　D. 不合格

45. 考评结果没有下列哪一项（　　　）。

A. 优秀　　　　　B. 良好　　　　　C. 合格　　　　　D. 不合格

46. 实名制管理的作用在于：（　　　）。

A. 缩小用工范围，便于施工管理　　　B. 简化用工程序，减少政府压力

C. 健全现场考勤，杜绝劳务纠纷　　　D. 健全现场考勤，规避纠纷隐患

47. 关于实名制管理的作用，以下说法错误的是：（　　　）。

A. 缩小用工范围，便于施工管理

B. 规范用工行为，维护合法权益

C. 健全现场考勤，规避纠纷隐患

D. 细化劳务管理，提升保障能力

48. 根据劳务实名制管理要求，劳务人员的相关资料除劳动合同书原件、《人员备案

通知书》、项目用工备案花名册和人员参保相关保险凭证复印件外，还应有（　　）。

A. 人员身份证复印件名册和岗位证书复印件

B. 月度考勤表和月度工资表

C. 劳务队及班组负责人一览表和作业班组人员分布表

D. 劳务员岗位证书和劳务人员上岗证书

49. 劳务施工单位应配备专兼职管理人员，以配合（　　）共同做好实名制工作。

A. 建设单位　　　　B. 总承包单位　　　　C. 劳务分包单位　　D. 劳务班组

50. 劳务员负责建立日人员流动台账，施工队伍负责人（　　）上报现场施工实际人员数，（　　）上报施工现场人员考勤情况，核对人员名册，确定人员增减情况。

A. 每日，每周　　　B. 每日，每月　　　C. 每周，每日　　　D. 每周，每月

51. 项目部应按照规定负责（　　）核对本班组务工出勤情况、记录人员变动情况，并按规定配合项目部统计、核实（　　）务工人员出勤记录，审核后上报项目部。

A. 每日，每周　　　B. 每日，每月　　　C. 每周，每日　　　D. 每月，每日

52. 经三方核实签字确认后，由项目部按工资支付表将工资以货币形式直接发放到本人。这"三方"不包括（　　）。

A. 项目经理　　　　B. 劳务员　　　　　C. 劳务分包班组长　D. 劳务工本人

53. 劳务人员备案须持有效证件。下列证件哪一个不需要（　　）。

A. 劳务分包合同副本原件

B. 人员身份证复印件

C. 项目管理及作业人员花名册

D. 项目管理及作业人员工资台账

54. 劳务分包人应向承包人提交项目负责人与劳务分包人之间的（　　），以及劳务分包人为项目负责人缴纳社会保险的有效证明。

A. 聘任文件　　　　B. 学历和职称　　　C. 该负责人简历　　D. 劳动合同

（二）多项选择题

1. 住建部 2015 年《建筑业企业资质管理规定》（住建部令第 22 号）关于施工劳务企业资质标准，下列说法正确的有（　　）。

A. 净资产 200 万元以上

B. 持有岗位证书的施工现场管理人员不少于 4 人

C. 持有岗位证书的施工现场管理人员不少于 5 人

D. 施工员、质量员、安全员、劳务员等人员齐全

E. 经考核或培训合格的技术工人不少于 60 人

2. 劳务分包与专业工程分包的区别（　　）。

A. 合同标的指向不同　　　　　　　B. 分包主体的资质不同

C. 分包工作量多少不同　　　　　　D. 分包条件的限制不同

E. 承担责任的范围不同

3. 2014 版《建设工程施工劳务分包合同（示范文本）》明确约定了承包人不得要求劳务分包人（　　），完善了以劳务分包之名进行专业分包甚至转包的防范措施。

A. 提供或采购大型机械   B. 提供或采购主要材料

C. 提供或租赁周转性材料   D. 提供劳务人员的技能证书

E. 提供再一次的劳务分包

4. 劳务分包人应依法为其履行合同所雇用的人员办理必要的（ ）等。

A. 证件   B. 许可   C. 保险

D. 注册   E. 培训

5. 安全检查表法通常包括（ ）。

A. 检查项目   B. 内容问题   C. 改进措施   D. 处罚规定

E. 检查措施

6. 劳务队伍的管理包括：（ ）。

A. 施工技术管理 B. 施工组织管理 C. 劳务人员的培训

D. 劳务队伍的考核 E. 进度计划的分解

7. 劳务队伍进度考核标准的内容包括：（ ）。

A. 组织管理   B. 技术管理   C. 经济管理

D. 合同管理   E. 劳务纠纷管理

（三）判断题（正确填 A，错误填 B）

1. 《建筑业企业资质管理规定》（住建部令第 22 号）对企业主要人员要求：经考核或培训合格的技术工人不少于 60 人。   （ ）

2. 食堂严格执行《食品卫生法》，办理卫生许可证，炊事人员办理健康证。 （ ）

3. 劳务招投标报价的形式多样，内容复杂，因此在同一个标段的劳务招标可以以不同的方式报价投标。   （ ）

4. 2014 版劳务分包合同强调了由承包人编制施工组织设计，劳务分包人根据承包人的施工组织设计编制劳动力供应计划报承包人审批。   （ ）

5. 建筑劳务分包招标是劳务采购的最主要手段，是参照工程量清单招标的模式，通过公开招标的形式把总承包或专业分包企业的承包或分包工程中的劳务作业，发包给具有相应劳务分包资格的企业完成的活动。   （ ）

6. 进场工种、人数一览表的格式是固定的不能更改。   （ ）

7. 安全检查的重点是劳务条件、生产设备、现场管理、安全卫生设施以及生产人员的行为。   （ ）

8. 关于劳务人员工资，约定不同工种劳务的计时单价（含管理费），按确认的工程量计算。   （ ）

9. 除合同另有约定外，支付的劳务费应当保障劳务分包队伍每月支付劳务人员基本工资，人均不低于当地最低工资标准，每年年底前做到 90％支付。 （ ）

10. 劳务分包企业和不具备用工主体资格的组织或个人，拖欠劳务工资时，可以启用预留户资金按时足额支付劳务工人工资。   （ ）

11. 劳务企业在收到劳务工程款后，总承包企业项目部要监督分包企业将工资支付到劳务民工手中，限期回收工人本人签字的工资发放表，报总承包企业存档备查。（ ）

12. 在隐蔽工程验收、分部分项工程验收以及工程竣工验收结果表明劳务分包人劳务

作业质量不合格时，作为总承包人应承担整改责任。（　　）

13. 各项合同文件包括合同当事人就该项合同文件所作出的补充和修改，属于同一类内容的文件，应以最新签署的为准。（　　）

14. 承包人至迟应于开始工作日期14天前为劳务分包人雇用的劳务作业人员提供必要的膳宿条件和生活环境；膳宿条件和生活环境应达到工程所在地行政管理机关的标准、要求。（　　）

15. 劳务分包的项目负责人应常驻劳务作业现场，每月在劳务作业现场时间不得少于专用合同条款约定的天数。（　　）

16. 劳务分包人应当组织具有相应操作技能和符合本合同劳务作业要求的劳务作业人员投入工作。（　　）

17. 2014版劳务分包合同明确约定了承包人不得要求劳务分包人提供或采购大型机械、主要材料，但可以租赁周转性材料。（　　）

18. 合同价格：是指承包人和劳务分包人在合同协议书中确定的总金额。（　　）

19. 承包人提供的材料在进场时应由劳务分包人负责验收，如材料的品种、规格、型号、质量、数量不符合要求，劳务分包人应在验收时提出，由此增加的费用和（或）延误的期限均由承包人承担。（　　）

20. 在项目经理部综合评价的基础上，公司重点评价施工劳务企业的资质资信、管理体系、施工能力、资源状况（人力、物力、财力）管理水平、劳动力的组织和管理能力、与总包方的协调配合情况、内业资料等内容。（　　）

21. 对劳务分包队伍的综合评价，可以分为过程综合评价和全面综合评价。（　　）

22. 劳务分包生活区是建设工程劳务施工人员集中居住、生活的场所，在安全的情况下可以在施工现场内独立封闭设立和管理。（　　）

23. 劳务分包队伍劳务施工人员应根据检查策划安排和施工质量验收标准实施检查。（　　）

24. 对于工程所在地对劳务作业人员的考勤方法没有规定的，可实行总包单位关于劳务作业人员的考勤方法。（　　）

25. 劳务分包队进场后必须及时明确和制定现场考勤制度。（　　）

26. 劳务分包生活区是建设工程劳务施工人员集中居住、生活的场所，在安全的情况下可以在施工现场内独立封闭设立和管理。（　　）

27. 实名制管理的基础是"劳务作业进场人员花名册"。（　　）

28. 劳务项目部只要按要求对劳务作业人员进行实名登记，无需对现场管理人员进行实名登记。（　　）

29. 劳务实名制管理就是指劳务队伍进场人员的各种证件、劳务合同、工资表和考勤表等与实际作业人员一一对应的管理。（　　）

30. 劳务实名制管理责任分为建筑施工总承包企业管理责任、总包项目经理部实名制管理责任和劳务分包项目部管理责任三级责任体系。（　　）

（四）案例分析题

2011年7月，住建部发布了"关于发布行业标准《建筑与市政工程施工现场专业人员职业标准》的公告"（第 1059 号），公告指出：该标准自 2012 年 1 月 1 日起实施。《建筑与市政工程施工现场专业人员职业标准》中规定，劳务员的主要工作职责之一是："负责或监督劳务人员进出场及用工管理。"作为劳务员，对本岗位的工作职责必须掌握。请依据《建筑与市政工程施工现场专业人员职业标准》回答以下问题。

1. 劳务分包队伍进场流程中的第一步是：（　　）。（单项选择题）

A. 签订劳动合同

B. 编制进场工种、人数一览表

C. 下达劳务分包队伍进场通知书

D. 劳务分包队伍进场准备

2. 劳务员根据公司所批复的项目进度计划和劳动力使用计划编制进场工种、人数一览表，该表除反映工种、人数的信息外，还应该有：（　　）。（单项选择题）

A. 个人的姓名　　　　B. 工作经历　　　　C. 进场时间　　　　D. 退场时间

3. 下达劳务分包队伍进场通知书的时间（　　）。（单项选择题）

A. 必须在工程开工的 7 天前

B. 应在工程开工的 7 天前（如劳务合同有具体约定，按合同约定）

C. 必须在工程开工的 10 天前

D. 应在工程开工的 10 天前（如劳务合同有具体约定，按合同约定）

4. 劳务分包作业过程管理包括劳务队伍的进场管理、（　　）和劳务队伍的退场管理等。（多项选择题）

A. 劳务分包作业过程的安全管理

B. 劳务分包作业过程的劳动合同管理

C. 劳务分包作业过程的竣工验收管理

D. 劳务分包作业过程的质量管理

E. 劳务分包作业过程的进度管理

5. 劳务分包队伍进场是指承包人通过合法选择或采取招标程序而中标的施工劳务企业依照与承包人所签订的建设工程劳务分包合同开始履行施工程序的行为。（　　）（判断题，正确填 A，错误填 B）

6. 劳务人员考勤就是对劳务作业人员的考勤。（　　）（判断题，正确填 A，错误填 B）

第 6 章　劳务纠纷管理

（一）单项选择题

1. 施工企业向无质资或不具备相应质资的企业分包工程引起的纠纷属于（　　）而产生的纠纷。

A. 因资质问题　　　　　　　　B. 因履约范围不清

C. 因转包　　　　　　　　　　D. 因拖欠农民工工资

2. 下列（　　）属于解决劳务纠纷的合同内方法。

A. 调解　　　　　　B. 执行定金罚则　　　C. 协商　　　　　　D. 仲裁

3. 下列（　　）属于解决劳务纠纷的合同外方法。

A. 承担继续履约责任　　　　　　　B. 支付违约金

C. 执行定金罚则　　　　　　　　　D. 诉讼

4. 以下（　　）不需要第三方参与。

A. 调解　　　　　　B. 协商　　　　　　C. 仲裁　　　　　　D. 诉讼

5. 下列（　　）属于劳务纠纷调解的基本原则。

A. 公平　　　　　　B. 公正　　　　　　C. 公开　　　　　　D. 诚信

6. 劳务纠纷发生后，双方当事人都可以自知道或应当知道其权利被侵害之日起的
（　　）日内，以口头或者书面的形式向调解委员会提出申请，并填写《调解申请书》。

A. 10　　　　　　　B. 15　　　　　　　C. 30　　　　　　　D. 60

7. 用人单位拖欠或者未足额支付劳动报酬的，劳动者可以依法向当地人民法院申请
（　　）。

A. 法律援助　　　　　　　　　　　B. 支付令

C. 社会救济　　　　　　　　　　　D. 依法制裁用人单位

8. 对劳动合同的无效或者部分无效有争议的，由（　　）或者人民法院确认。

A. 劳动行政部门　　　　　　　　　B. 劳动监察机构

C. 劳动争议调解委员会　　　　　　D. 劳动争议仲裁机构

9. 下列（　　）不属于产生劳务人员工资纠纷的主要原因。

A. 建设单位和总承包单位拖欠工程款引发的工资纠纷

B. 施工劳务单位内部管理混乱，考勤不清和工资发放不及时引发的工资纠纷

C. 总承包单位和施工劳务单位由于劳务分包合同争议引发的工资纠纷

D. 分包引发的工资纠纷

10. 考勤不清引发的工资纠纷是由于（　　）造成。

A. 建设单位和总承包单位拖欠工程款

B. 施工劳务单位内部管理混乱

C. 违法分包

D. "恶意讨薪"

11. 在法定情形下，需要裁减人员二十人以上或者裁减不足二十人但占企业职工总数
百分之十以上的，用人单位提前三十日向（　　）说明情况，听取工会或者职工的意见
后，裁减人员方案经向劳动行政部门报告，可以裁减人员。

A. 工会　　　　　　　　　　　　　B. 全体职工

C. 工会或者全体职工　　　　　　　D. 劳动争议仲裁委员会

12. 下列（　　）不是工资纠纷应急处理的原则。

A. 先行垫付原则　　　　　　　　　B. 优先支付原则

C. 违法分包承担连带责任原则　　　D. 及时裁决和建议执行原则

13. 公司（　　）是群体性突发事件第一责任人。

A. 项目经理　　　B. 技术负责人　　　C. 法定代表人　　　D. 劳务班组长

14. 处理解决群体性突发事件是（　　）的职责。

A. 总承包单位领导小组　　　　　　　　B. 项目经理部

C. 行政保障工作组　　　　　　　　　　D. 法律援助工作组

15. 准备应急车辆是（　　）的职责。

A. 总承包单位领导小组　　　　　　　　B. 项目经理部

C. 行政保障工作组　　　　　　　　　　D. 法律援助工作组

16. 为项目部解决纠纷提供法律方面的支持是（　　）的职责。

A. 总承包单位领导小组　　　　　　　　B. 项目经理部

C. 行政保障工作组　　　　　　　　　　D. 法律援助工作组

17. 调查劳务企业人员的思想动态是（　　）的职责。

A. 总承包单位领导小组　　　　　　　　B. 宣传工作组

C. 行政保障工作组　　　　　　　　　　D. 法律援助工作组

18. 内部施工劳务作业队劳务承包纠纷发生的原因主要是劳动关系和（　　）。

A. 工资　　　　　　B. 休假　　　　　　C. 工伤事故　　　　D. 培训

19. 劳务作业发包人最常见的违约行为是拒绝或延迟支付（　　）。

A. 工资　　　　　　B. 合同价款　　　　C. 赔偿金　　　　　D. 培训费

20. 下列（　　）不属于解决劳务人员工资纠纷的主要途径。

A. 由建设单位先行支付　　　　　　　　B. 由总承包单位先行支付

C. 责令用人单位按期支付工资和赔偿金

D. 通过上访途径解决

21. 在用人单位拖欠工资的情况下，可以先与用人单位协商，如果协商解决无效，则可以通过以下法律途径来解决。但是下列（　　）说法是错误的。

A. 向当地劳动保障监察机构举报投诉

B. 向当地劳动争议仲裁委员会申请仲裁，要在劳动争议发生之日起60日内向劳动争议仲裁委员会提出书面申请

C. 向当地劳动争议仲裁委员会申请仲裁，要在劳动争议发生之日起90日内向劳动争议仲裁委员会提出书面申请

D. 通过法律诉讼途径解决

22. 集体争议不会呈现（　　）的特点。

A. 季节性　　　　　B. 突发性强　　　　C. 人数多　　　　　D. 处理难度大

23. 在工作时间和工作岗位，突发疾病死亡或者在（　　）小时之内经抢救无效死亡的。

A. 12　　　　　　　B. 24　　　　　　　C. 48　　　　　　　D. 72

24. 职工住院治疗工伤的伙食补助费标准暂定为每人每天（　　）元。

A. 10　　　　　　　B. 20　　　　　　　C. 30　　　　　　　D. 40

25. 劳动能力鉴定按照属地原则出单位所在地设区的（　　）级劳动能力鉴定委员会办理。

A. 省　　　　　　　B. 市　　　　　　　C. 县　　　　　　　D. 区

26. 在发生劳动争议时，劳动者有权提请（　　）调解和仲裁。

A. 工会   B. 劳动争议委员会

C. 劳动社保部门   D. 人民法院

27. 下列不属于劳务纠纷调解的基本原则有 （ ）。

A. 合法原则   B. 公正原则

C. 协商原则   D. 及时处理原则

28. 如果是劳动者在 （ ）人以上并具有共同申请理由的劳务纠纷案件，劳动者当事人一方应当推举代表参加调解活动。

A. 2   B. 3   C. 4   D. 5

29. 调解委员会调解争议的期限为 （ ）日。

A. 3   B. 10   C. 15   D. 30

30. 用人单位实行承包经营的，工伤保险责任由 （ ）承担。

A. 职工劳动关系所在单位   B. 用人单位

C. 承包经营单位   D. 职工个人

31. 职业病是指企业、事业单位和个体经济组织的劳动者在职业活动中，因接触粉尘、放射性物质和其他 （ ）等因素而引起的疾病。

A. 有毒、有害物质 B. 恶劣工作环境 C. 严寒酷暑   D. 传染性疾病

32. 调解委员会调解争议的期限为 （ ）日。

A. 3   B. 10   C. 15   D. 30

33. 劳动争议的 （ ），是解决劳动争议的最终程序。

A. 判决   B. 仲裁   C. 调解   D. 诉讼

34. 一次性工亡补助金标准为上一年度全国城镇居民人均可支配收入的 （ ）倍。

A. 10   B. 20   C. 30   D. 40

35. 生活不能自理的工伤职工在停工留薪期需要护理的，由 （ ）负责。

A. 所在单位   B. 医院   C. 家属   D. 国家

36. 社会保险行政部门对受理的事实清楚、权利义务明确的工伤认定申请，应当在 （ ）日内做出工伤认定的决定。

A. 10   B. 15   C. 30   D. 60

37. 企业可委托 （ ）发放农民工工资。

A. 包工头   B. 银行   C. 社保部门   D. 劳动仲裁部门

38. 伤残津贴、供养亲属抚恤金、生活护理费由统筹地区社会保险行政部门根据职工平均工资和生活费用变化等情况适时调整。调整办法由 （ ）政府规定。

A. 县级   B. 市级   C. 省级   D. 国家级

39. 我国的社会保险不包括 （ ）。

A. 疾病保险   B. 养老保险   C. 医疗保险   D. 工伤保险

40. （ ）不是建设工程施工合同纠纷的三大核心问题。

A. 工程施工方案   B. 工程质量   C. 工程造价   D. 工程工期

41. 职工有下列 （ ）情形之一的，不应当认定为工伤。

A. 在工作时间和工作场所内，因工作原因受到事故伤害的

B. 醉酒或者吸毒的

C. 在工作时间和工作场所内，因履行工作职责受到暴力等意外伤害的

D. 在上下班途中，受到非本人主要责任的交通事故或者城市轨道交通、客运轮渡、火车事故伤害的

42. 工伤认定申请材料不包含（　　）。

A. 社保证明

B. 工伤认定申请表

C. 与用人单位存在劳动关系的证明材料

D. 医疗机构出具的受伤后诊断证明书或者职业病诊断证明书

43. 企业违反国家工资支付规定拖欠或克扣农民工工资的，建设行政主管部门可依法对其进行限制，并予以相应处罚。但不应限制（　　）。

A. 市场准入　　　　　　　　　　　B. 招投标资格

C. 新开工项目施工许可　　　　　　D. 工程竣工验收

44. 工伤职工有下列（　　）情形之一的，不得停止享受工伤保险待遇。

A. 丧失享受待遇条件的　　　　　　B. 配合治疗的

C. 拒不接受劳动能力鉴定的　　　　D. 拒绝治疗的

45. 职工有下列（　　）情形之一的，可以认定为工伤或者视同工伤。

A. 故意犯罪的

B. 在抢险救灾等维护国家利益、公共利益活动中受到伤害的

C. 醉酒或者吸毒的

D. 自残或者自杀的

46. 下列（　　）不属于暂时性的止血方法。

A. 包扎　　　　　B. 压迫止血　　　　C. 指压止血　　　　D. 弹性止血带

47. 关于事故现场的保护，下列说法错误的是（　　）。

A. 事故发生后，有关单位和人员应当妥善保护事故现场以及相关证据

B. 任何单位和个人不得破坏事故现场、毁灭相关证据

C. 因抢救人员、防止事故扩大以及疏通交通等原因，需要移动事故现场物件的，应当做出标志

D. 任何情况也不能移动事故现场物件

48. 事故发生后，事故现场有关人员应当立即向（　　）报告。

A. 监理单位　　　　　　　　　　　B. 建设单位

C. 本单位负责人　　　　　　　　　D. 建设行政主管部门

49. 单位负责人接到报告后，应当于（　　）小时内向事故发生地县级以上人民政府安全生产监督管理部门和负有安全生产监督管理职责的有关部门报告。

A. 0.5　　　　　　B. 1　　　　　　C. 2　　　　　　D. 6

50. 下列（　　）不可以申请工伤认定。

A. 受伤害职工　　　　　　　　　　B. 受伤害职工直系亲属

C. 受伤害职工所在工会组织　　　　D. 受伤害职工所在项目部

51. 应当向（　　）部门提出工伤认定申请。

A. 建设行政主管　　B. 社会保险行政　　C. 安全主管　　　D. 劳动主管

52. 社会保险行政部门进行调查核实，执法人员至少（　　）人，并应当出示执法证件。

    A. 2　　　　　　　　B. 3　　　　　　　　C. 4　　　　　　　　D. 5

53. 职工或者其近亲属认为是工伤，用人单位不认为是工伤的，由（　　）承担举证责任。

    A. 职工本人　　　　B. 职工近亲属　　　C. 用人单位　　　　D. 劳动部门

54. 社会保险行政部门应当自受理工伤认定申请之日起（　　）日内作出工伤认定的决定。

    A. 10　　　　　　　B. 15　　　　　　　C. 30　　　　　　　D. 60

55. 社会保险行政部门对受理的实施清楚、权利义务明确的工伤认定申请，应当在（　　）日内作出工伤认定的决定。

    A. 10　　　　　　　B. 15　　　　　　　C. 30　　　　　　　D. 60

56. 停工留薪期一般不超过（　　）个月。

    A. 3　　　　　　　　B. 6　　　　　　　　C. 12　　　　　　　D. 24

57. 伤残的一次性赔偿金按以下标准支付：一级伤残的为赔偿基数的（　　）倍。

    A. 12　　　　　　　B. 16　　　　　　　C. 18　　　　　　　D. 20

58. 受到事故伤害或者患职业病造成死亡的，按照上一年度全国城镇居民人均可支配收入的（　　）倍支付一次性赔偿金。

    A. 12　　　　　　　B. 16　　　　　　　C. 18　　　　　　　D. 20

59. 本人工资是指工伤职工因工作遭受事故伤害或者患职业病前（　　）个月平均月缴费工资。

    A. 6　　　　　　　　B. 10　　　　　　　C. 12　　　　　　　D. 24

60. 急救电话除 120 外还有（　　）。

    A. 110　　　　　　B. 119　　　　　　C. 126　　　　　　D. 999

61. 如果是劳动者在（　　）人以上并具有共同申请理由的劳务纠纷案件，劳动者当事人一方应当推举代表参加调解活动。

    A. 2　　　　　　　　B. 3　　　　　　　　C. 5　　　　　　　　D. 7

62. 仲裁机构收到当事人的申请书，首先要进行审查，经审查符合申请条件的，应当在（　　）天内立案。

    A. 3　　　　　　　　B. 5　　　　　　　　C. 7　　　　　　　　D. 10

63. 下列（　　）属于协商的特点。

    A. 成本低　　　　　　　　　　　　B. 效率低

    C. 不能充分体现纠纷各方的意愿　　D. 纠纷解决的确定性

64. 如果当事人约定的定金比例超过了 20%，则（　　）。

    A. 按约定比例　　　　　　　　　　B. 整个定金条款无效

    C. 应重新进行约定　　　　　　　　D. 超出部分无效

（二）多项选择题

1. 下列哪些是用人单位侵犯劳动者人身权利的行为？（　　）

    A. 用人单位以暴力、威胁或者非法限制人身自由的手段强迫劳动者劳动的行为

B. 用人单位违章指挥或者强令冒险作业危及劳动者人身安全的行为

C. 劳动条件恶劣、环境污染严重，给劳动者身心健康造成严重损害的

D. 未依法为劳动者缴纳社会保险费的

E. 未按照劳动合同约定提供劳动保护或者劳动条件的

2. 农民工发现企业有下列（　　）情形之一的，有权向劳动和社会保障行政部门举报。

A. 未按照约定支付工资的

B. 拖欠或克扣工资的

C. 按约定支付工资的

D. 签订劳动合同的

E. 支付工资低于当地最低工资标准的

3. 劳务纠纷的特点有：（　　）。

A. 多发性

B. 地域分散性

C. 经济利益主导性

D. 矛盾激化性

E. 时段性

4. 绝大多数劳务分包合同违约纠纷为（　　）。

A. 劳务作业发包人拒绝或延迟支付合同价款

B. 劳务作业承包人消极怠工

C. 劳务作业质量不合格

D. 劳务作业工期延误

E. 劳务作业变更合同

5. 通过（　　）解决争议，可以节省时间，有利于日后继续交往合作，是当事人解决合同争议的首选方式。

A. 和解　　　　　　B. 仲裁　　　　　　C. 调解　　　　　　D. 诉讼

E. 起诉

6. 劳务工资纠纷是劳务纠纷中的主要形式，具有（　　）等特点。

A. 突发性　　　　　B. 季节性　　　　　C. 时段性　　　　　D. 群体性

E. 分散性

7. 解决建筑施工劳务纠纷的对策主要有（　　）。

A. 推行建筑业劳务基地化管理

B. 优选劳务队伍，并实施招投标管理

C. 加强和落实劳务分包合同管理

D. 加强和落实劳动合同管理

E. 实施规范化劳务管理，推广建筑业务工人员实名制

8. 施工企业要切实加强建筑劳务合同实施过程管理，其措施包括（　　）。

A. 成立劳务分包管理组织机构

B. 选择劳务协作队伍

C. 实行劳务工长负责制

D. 确定工程劳务分包单价

E. 加强对劳务分包队伍的施工成果管理

9. 职工因工死亡，其近亲属按照下列规定从工伤保险基金领取（   ）。

A. 公司赔偿金   B. 丧葬补助金

C. 供养亲属抚恤金   D. 一次性工亡补助金

E. 养老金

10. 建筑施工现场的伤亡事故多发生在（   ）等方面。

A. 高处坠落   B. 物体打击   C. 机械伤害   D. 物体坍塌

E. 透水

（三）判断题（正确填 A，错误填 B）

1. 在调查和调解时，不需要进行相应的笔录。 （   ）

2. 发生劳动争议，当事人有责任为自己提出的主张提供证据。 （   ）

3. 职工因工外出期间发生事故或者在抢险救灾中下落不明的，从事故发生当月起 3 个月内照发工资，从第 4 个月起停发工资。 （   ）

4. 上下班交通事故在工伤补偿范围以内。 （   ）

5. 职工因工作遭受事故伤害或者患职业病需要暂停工作接受工伤医疗的，停工留薪期内，不享受原工资福利待遇。 （   ）

6. 用人单位分立、合并、转让的，承继单位无须承担原用人单位的工伤保险责任。

（   ）

7. 休息、休假是公民劳动权的首要条件和基本要求。 （   ）

8. 企业因被拖欠工程款导致拖欠农民工工资的，企业追回的被拖欠工程款，应优先用于支付拖欠的农民工工资。 （   ）

9. 劳动者处于劳动关系的强势地位。 （   ）

10. 职工个人须缴纳工伤保险费。 （   ）

11. 应急预案的目的，是为了最大限度降低劳务纠纷突发事件造成的经济损失和社会影响，积极稳妥地处理因劳务纠纷等问题引发的各种群体性事件，有效地控制事态，将不良影响限制在最小范围，保证建安施工企业的正常生产和管理秩序。 （   ）

12. 应急预案的编写，要本着确保社会稳定，建立和谐社会，预防为主，标本兼治的原则，按照国家住房和城乡建设部的相关要求编制。 （   ）

13. 应急预案只适用于发生劳务纠纷突发事件。 （   ）

14. 应成立各级应急指挥领导小组，领导小组下设应急指挥领导小组办公室，各级领导小组包括集团公司、二（子）级公司和项目部。 （   ）

15. 机关各部门人员在出现紧急情况阶段时，部门内应当至少留一名员工负责保护部门内部的财物、资料。 （   ）

16. 对纠纷事件不上报，或瞒报，报告不及时的单位，视情节处以一定数额的罚款、通报批评并追究行政责任。 （   ）

17. 对于务工工人的工资，确因资金紧张时，可用实物替代。 （   ）

18. 工资保障金必须在工程合同价款中列支，但不一定专款专用。 （   ）

19. 如果务工人员遭遇用人单位的欠薪，应通过合法手段来讨要欠薪，不要采取过激行为威胁用人单位。（　　）

20. 内部施工劳务作业队劳务承包纠纷发生的原因主要是劳动关系。（　　）

21. 基本医疗保险费由用人单位和职工双方共同负担。（　　）

22. 劳动者在法定节假日、婚丧假期间及社会活动期间没有权利取得工资。（　　）

23. 社会保险行政部门作出认定为工伤的决定后发生行政复议、行政诉讼的，行政复议和行政诉讼期间停止支付工伤职工治疗工伤的医疗费用。（　　）

24. 用人单位发生合并或者分立等情况，原劳动合同失去效力。（　　）

25. 用人单位应当依法建立和完善规章制度，保障劳动者享有劳动权利和履行劳动义务。（　　）

26. 经劳动合同当事人协商一致，劳动合同可以解除。（　　）

27. 调解意见书对争议双方具有约束力。（　　）

28. 用人单位分立、合并、转让的，承继单位不用承担原用人单位的工伤保险责任。（　　）

29. 职工因工外出期间，由于工作原因受到伤害或者发生下落不明的应认定为工伤。（　　）

30. 用人单位应当按月以实物形式支付给劳动者本人工资，不得无故拖欠或克扣工资。（　　）

31. 工伤职工治疗非工伤引发的疾病，享受工伤医疗待遇。（　　）

（四）案例分析题

吴某系某纺织有限公司工人。2011 年 3 月 15 日，吴某在下班途中与单某驾驶的机动车发生碰撞受伤。为赔偿问题，吴某将单某及其投保的保险公司告上法庭，要求两被告赔偿。经法院审理，双方达成了调解协议，由保险公司赔偿医药费、护理费、误工费等损失 37000 元，单某赔偿 1500 元。

事故发生后，吴某同时向当地劳动和社会保障局申请工伤认定，经劳动和社会保障局认定，吴某因交通事故受伤构成工伤。吴某受伤情况经劳动能力鉴定委员会鉴定为九级伤残。

由于该纺织有限公司未为吴某交纳工伤保险金，吴某遂申请劳动仲裁，要求用人单位承担工伤保险责任，并终止劳动关系。劳动争议仲裁委员会作出裁决后，该单位不服，认为仲裁裁决未扣除吴某在交通事故赔偿案件中已获赔的医疗费等费用，遂向人民法院提起诉讼。

近日，人民法院判决对此作出肯定的回答，用人单位被判决承担医疗费、护理费、一次性工伤医疗补助金、一次性伤残就业补助金、一次性伤残补助金等合计 68000 元。

1. 工伤保险费由（　　）承担。（单项选择题）

A. 用人单位　　　　　　　　　　B. 劳动者本人

C. 用人单位与劳动者一起　　　　D. 社保机关

2. 下班途中的交通事故应认定工伤。（　　）（判断题，正确填 A，错误填 B）

3. 只有劳动者本人可向社保行政部门提出工伤认定申请。（　　）（判断题，正确填 A，错误填 B）

4. 工伤认定申请材料包括（　　）。（多项选择题）

A. 工伤认定申请表

B. 与用人单位存在劳动关系的证明材料

C. 本人身份证明

D. 本人工资单

E. 医疗机构出具的受伤后诊断证明书或者职业病诊断证明书

5. 九级伤残一次性伤残补助金为（　　）个月的本人工资。（单项选择题）

A. 3　　　　　　　　B. 6　　　　　　　　C. 9　　　　　　　　D. 12

6. 社会保险行政部门对受理的实施清楚、权利义务明确的工伤认定申请，应当在（　　）日内作出工伤认定的决定。（单项选择题）

A. 10　　　　　　　B. 15　　　　　　　C. 30　　　　　　　D. 60

第7章　社会保险的基本知识

（一）单项选择题

1. 我国的社会保险不包括（　　）。

A. 养老保险　　　　B. 医疗保险　　　　C. 工伤保险　　　　D. 人寿保险

2. 职工参加基本养老保险，由（　　）缴纳基本养老保险费。

A. 用人单位单独　　　　　　　　　　B. 职工单独

C. 用人单位和职工共同　　　　　　　D. 政府、用人单位和职工共同

3. 关于工伤保险和意外伤害保险，下列说法正确的是：建筑施工企业（　　）。

A. 应当依法为职工参加工伤保险，缴纳工伤保险费

B. 应当为从事危险作业的职工办理意外伤害保险，支付保险费

C. 应当依法为职工参加工伤保险，工伤保险费由企业和个人共同承担

D. 应当为从事危险作业的职工办理意外伤害保险，保险费由企业和个人共同承担

4. 缴费单位应当自领取营业执照或者登记证书之日起（　　）日内，到其所在地的区、县社会保险经办机构申请办理社会保险登记。

A. 10　　　　　　　B. 15　　　　　　　C. 30　　　　　　　D. 60

5. 申请人认为经办机构的具体行政行为侵犯其合法权益的，可以自知道该具体行政行为之日起（　　）日内向经办机构申请复查或者向劳动保障行政部门申请行政复议。

A. 10　　　　　　　B. 15　　　　　　　C. 30　　　　　　　D. 60

（二）判断题

1. 我国的社会保险包括养老保险、医疗保险、工伤保险、生育保险和失业保险，费用均由国家、企业、个人三方共同承担。　　　　　　　　　　　　　　　（　　）

2. 国有企业、事业单位职工参加基本养老保险前视同缴费年限期间应当缴纳的基本养老保险费由政府承担。　　　　　　　　　　　　　　　　　　　　　（　　）

3. 行政复议申请期限从申请人知道行政复议或者行政复议申请期限之日起计算，但

最长不得超过1年。   （   ）

（三）案例分析题

某装饰公司于2015年10月在某市承接了新楼装修项目，根据需要，该公司将该项目的部分工作委托给一包工队完成，并于2015年12月与包工队队长王某签订了项目承包协议，协议明确约定了项目内容、质量保证、完工日期、协议总额等相关事项。

2016年1月15日，该包工队按协议进程规定，进行5号楼的楼层粉刷工作。工作期间，一名粉刷工出于好奇，将头探入该楼未封闭的电梯运行观察口向下观望，不幸被正在下行的电梯挫伤头部，包工队队长及几名工友立即将其送至附近医院抢救，终因抢救无效死亡。

事后死者家属要求包工队队长连同装饰公司赔偿死者抢救医疗费、丧葬费及家属精神损失费共计60万元。

根据背景材料回答下列问题。

1. 工伤保险的费用由（   ）承担。（单项选择题）

A. 政府   B. 用人单位

C. 用人单位和个人共同   D. 个人

2. 职工基本医疗保险缴费方式是（   ）缴纳。（单项选择题）

A. 政府   B. 用人单位

C. 用人单位和个人共同   D. 个人

3. 对因生产安全事故造成的职工死亡，其一次性工亡补助金标准调整为按全国上一年度城镇居民人均可支配收入的（   ）倍计算。（单项选择题）

A. 10   B. 15   C. 20   D. 30

4. 我国的社会保险包括（   ）和失业保险。（多项选择题）

A. 养老保险   B. 医疗保险   C. 疾病保险   D 工伤保险

E. 生育保险

5. 工伤保险是劳动者在工作中或在规定的特殊情况下，遭受意外伤害或患职业病导致暂时或永久丧失劳动能力以及死亡时，劳动者及其遗属从国家和社会获得物质帮助的一种社会保险制度。（   ）（判断题，正确填A，错误填B）

6. 企业必须为从事危险作业的职工办理意外伤害保险，支付保险费。（   ）（判断题，正确填A，错误填B）

第8章　劳务分包款及劳务人员工资管理

（一）单项选择题

1. （   ）是工程承包人将建筑工程施工中的劳务作业发包给具有劳务资质的劳务企业的行为。

　　A. 工程承包   B. 劳务分包   C. 专业工程分包   D. 劳务招投标

2. 劳务分包无需征得（   ）的同意。

　　A. 总承包人   B. 承包人   C. 发包人   D. 分包人

3. 不管承包人和劳务分包人的关系如何，劳务分包合同都必须采取（ ）的形式订立。

A. 口头合同　　　　B. 书面合同　　　　C. 电子邮件合同　　D. 录音合同

4. 以下哪种采购不属于非招标采购方式？（ ）

A. 单一来源采购　　B. 询价采购　　　　C. 竞争性谈判采购　D. 明码标价采购

5. 发包人、承包人约定劳务分包合同价款的计算方式时，不得采用（ ）方式约定合同总价。

A. 固定合同价款　　　　　　　　　　B. 建筑面积综合单价

C. 暂估价　　　　　　　　　　　　　D. 综合工日单价

6. 工种工日单价是指按不同作业工种划分的，每完成一个（ ）所要支付的工资价格（元/日）。

A. 定额工日　　　　B. 日历工日　　　　C. 劳务市场工日　　D. 综合工日

7. 劳务费不包括（ ）。

A. 工人工资　　　　B. 劳动保护费　　　C. 管理费　　　　　D. 低值易耗材料费

8. 2014 版劳务分包合同强调了（ ）的现场管理义务，由其编制施工组织设计。

A. 建设单位　　　　B. 监理单位　　　　C. 承包单位　　　　D. 劳务分包单位

9. 劳务分包单位应当向（ ）提交劳务作业人员花名册、与劳务作业人员签订的劳动合同、出勤情况、工资发放记录以及社会保险缴纳记录等。

A. 建设单位　　　　B. 监理单位　　　　C. 政府主管部门　　D. 承包单位

10. 2014 版劳务分包合同设置了逾期索赔失权条款，从而督促（ ）加强现场管理措施。

A. 建设单位　　　　B. 监理单位　　　　C. 承包单位　　　　D. 劳务分包单位

11. 劳务分包合同的签订要遵循"工料分开"的原则，即（ ）和材料费必须分开单列。

A. 工人工资　　　　B. 劳务费　　　　　C. 文明施工环保费　D. 工具用具费

12. 将劳务费在劳务分包合同中单列是（ ）进行劳务分包合同备案审查的重点。

A. 税务管理部门　　B. 质监站　　　　　C. 建设局　　　　　D. 建设单位

13. 发包人应当在书面确认后（ ）日内支付已经确定的劳务分包价款。

A. 3 日　　　　　　B. 5 日　　　　　　C. 7 日　　　　　　D. 10 日

14. 分包合同价款的支付，总包单位必须以（ ）的形式向分包单位支付劳务费。

A. 打白条　　　　　B. 银行代扣　　　　C. 银行转账　　　　D. 现金方式

15. （ ）是劳务工资支付的来源，将其在劳务分包合同中单列，便于对劳务发包人支付给劳务承包人的劳务分包合同价款进行监控，确保农民工工资的按时足额发放。

A. 劳动保护费　　　　　　　　　　　B. 工人工资

C. 劳务分包合同价款　　　　　　　　D. 劳务费

16. （ ）是指进城务工和在乡镇企业就业的户籍在农村的劳动者。

A. 农民工　　　　　B. 劳务分包人　　　C. 发包人　　　　　D. 劳动者

17. 用人单位工资分配应当遵循（ ）的原则，实行同工同酬。

A. 按职称分配　　　B. 按岗位分配　　　C. 按劳分配　　　　D. 按需分配

18. 用人单位支付农民工的工资不得低于（　　）。

A. 合同约定的 50% 　　　　　B. 合同约定的 60%

C. 合同约定的 70% 　　　　　D. 当地最低工资标准

19. 在建设领域和农民工集中的用人单位推行（　　）制度，对其工资支付情况实施重点监控。

A. 同工同酬 　　　B.《劳动计酬手册》C. 按劳分配 　　　D. 按需分配

20. 用人单位安排加班不支付加班费的，由劳动保障行政部门责令改正；逾期仍不改正的，责令用人单位按照应付金额（　　）的标准，向农民工加付赔偿金。

A. 50%～100% 　　B. 80%～100% 　　C. 100%～150% 　　D. 100%～200%

21. 包工包料及劳务分包单位或扩大劳务的分包单位，于每月 25 日（工程量统计周期为上月 24 日至本月 23 日或按照项目规定的日期）或结算期，根据双方约定的内容编制月预算统计结算书，由（　　）签字并加盖公章，报项目经理部预算部门审核。

A. 劳务作业人员 　　B. 相关负责人 　　C. 现场工程责任人 　　D. 劳务员

22. 分包单位于每月 23 日（或按照项目规定的日期），申请项目主管分包的（　　）对其当月完成的工程项目及施工到达的部位进行签认，填写《完成工程项目及工程量确定单》。

A. 劳务作业人员 　　B. 相关负责人 　　C. 现场工程责任人 　　D. 劳务员

23. 属材料物资采购或设备订货的供应单位在结算期，根据订购合同（视为进场计划）的内容和项目经理部物资管理部门材料人员验收（料）小票，报至物资管理部门审核，物资管理部门审核确定签字，再报项目（　　）审核确认签字。

A. 工程部门 　　　B. 预算部门 　　　C. 财务部门 　　　D. 人事部门

24. （　　）根据不同情况分别填写结算单签字，其中工程分包单位项目后附完成确认单、各部门意见会签单、审核预算书、并报区域公司或总包商合约部审查。

A. 工程部门 　　　B. 预算部门 　　　C. 财务部门 　　　D. 人事部门

25. 总包商资金部门支付工程款项，支付形式为网上转账，（　　）集中办理一次。

A. 每年 　　　　　B. 每季度 　　　　C. 每月 　　　　　D. 每周

26. 项目工程管理部门在收到分承包方上报的索赔、签证基础资料（　　）内将审核意见书（包括发生的项目、工程量、影响的程度、工期损失等）发给分包单位，分包单位依据项目工程管理部门的审核意见书编制索赔、签证费用及工期计算书，并上报给项目预算部门审核。

A. 3 日 　　　　　B. 5 日 　　　　　C. 7 日 　　　　　D. 10 日

27. 总承包企业自收到劳务分包承包人依照约定提交的结算资料之日起（　　）内完成审核并书面答复承包人；逾期不答复的，视为发包人同意承包人提交的结算资料。

A. 28 日 　　　　B. 15 日 　　　　C. 10 日 　　　　　D. 5 日

28. 为了规范劳务费结算的审计工作，将劳务费的结算审计分为（　　）和最终结算。

A. 工程预结算 　　B. 初始结算 　　　C. 中间结算 　　　D. 综合结算

29. 建筑施工企业应当在（　　）建立工资保证金专用账户，提交农民工工资保证金专项用于发生欠薪时支付农民工工资的应急保障。

A. 银行　　　　　B. 质监站　　　　C. 监理单位　　　　D. 政府主管部门

30. 施工总承包企业未按照合同约定与劳务分包企业结算清工程款，致使劳务分包企业拖欠农民工工资的，由（　　）先行垫付农民工工资，先行垫付的工资数额以未结清的工程价款为限。

A. 劳务分包企业　　B. 施工总承包企业　C. 建设单位　　　　D. 政府主管部门

31. 劳务分包企业必须（　　）支付一次农民工的基本工资，企业工资支付数额不得低于当地工资最低标准。

A. 每月　　　　　B. 每季度　　　　C. 年末　　　　　D. 工程完工

32. 职工考勤应以（　　）的形式进行记录。

A. 原始记录表　　B. 考勤表　　　　C. 出勤表　　　　D. 旷工表

33. （　　）是用工单位进行薪酬支付和员工考核的重要依据。

A. 出勤　　　　　B. 旷工　　　　　C. 考勤　　　　　D. 迟到早退

34. 劳务队伍管理人员请假必须经劳务分包项目经理和（　　）的批准，在"去向板"上填写去向。

A. 劳务作业人员　B. 项目部管理人员　C. 项目部劳务员　D. 项目部项目经理

35. 劳务员对劳务队伍的管理通过（　　）来具体实施，花名册中信息须由他提供给劳务员进行统计。

A. 劳务作业人员　　　　　　　　　　B. 劳务队伍项目经理

C. 项目部管理人员　　　　　　　　　D. 项目部项目经理

36. 项目部劳务管理人员必须要求劳务企业现场负责人（　　）向项目部上报现场实际人员人数，劳务企业现场负责人必须对上报施工现场人数确认签字，劳务管理人员通过对比记录人员流动和情况，（　　）要求劳务企业现场负责人上报施工现场人员考勤情况。

A. 每天，每周　　B. 每天，每月　　C. 每周，每周　　D. 每周，每月

37. 劳务人员考勤表由施工班组编制，用工单位（分包）劳务员确认，每月汇总建立劳务人员月考勤表后，向（　　）公示；公示无异议后，每月上报总包单位备案。

A. 全体劳务人员　　　　　　　　　　B. 带班班长

C. 劳务队长　　　　　　　　　　　　D. 工会或劳务人员代表

38. 项目部劳务管理人员（劳务员）对比施工现场人员流动情况，将施工现场人员考勤情况与现场花名册进行核对，确定人员增减情况，编制（　　），及时掌握劳务人员的流动情况。

A. 考勤表　　　　　　　　　　　　　B. 工资表

C. 劳务费结算支付情况报表　　　　　D. 劳务作业人员增减台账

39. 劳务人员（　　）是劳务分包企业进场作业人员实际发生作业行为工资分配的证明，也是总包单位协助劳务分包企业处理劳务纠纷的依据。

A. 花名册　　　　B. 考勤表　　　　C. 工资表　　　　D. 工资台账

40. 每次结算劳务费时，（　　）应编制劳务人员工资表。

A. 带班班长　　　B. 劳务负责人　　C. 项目部劳务员　D. 项目部项目经理

41. 项目部根据施工队伍负责人所提供的工资表，由（　　）会同项目负责人和劳务负责人对本月应发劳务工资审核，确认无误后按时足额向务工人员支付工资。

A. 施工员　　　　　B. 质量员　　　　　C. 劳务员　　　　　D. 项目经理

　　42. 劳动者提供了正常劳动的，但给用人单位造成经济损失，用人单位按照劳动合同的约定以及依法制定的规章制度的规定需从工资中扣除赔偿费的，具体扣除按照（　　）执行。

　　A. 不扣除　　　　　　　　　　　　　B. 可扣除全部工资，本月不够下月续扣

　　C. 可扣除当月全部工资　　　　　　　D. 剩余工资不低于当地最低工资标准

　　43. 当地最低工资标准由设区的市人民政府根据省人民政府公布的最低工资标准确定；最低工资标准（　　）至少调整一次。

　　A. 每半年　　　　　B. 每年　　　　　C. 每两年　　　　　D. 每五年

　　44. 用人单位保存劳动考勤记录不得少于（　　）。

　　A. 2 年　　　　　B. 3 年　　　　　C. 5 年　　　　　D. 10 年

　　45. 工作日延长劳动时间的，用人单位按照不低于本人工资的（　　）支付加点工资。

　　A. 150%　　　　　B. 200%　　　　　C. 300%　　　　　D. 可补休

　　46. 企业支付农民工工资应编制工资支付表，如实记录支付单位、支付时间、支付对象、支付数额等工资支付情况，并保存（　　）以上备查。

　　A. 2 年　　　　　B. 3 年　　　　　C. 5 年　　　　　D. 10 年

　　47. （　　）是统计基础工作的重要组成部分，政府综合统计数据是通过基层数据汇总得到的。

　　A. 统计科学　　　　　B. 统计资料　　　　　C. 统计数据　　　　　D. 统计台账

　　48. 作为统计调查对象的国家机关、企业事业单位或者其他组织迟报统计资料，或者未按照国家有关规定设置原始记录、统计台账的，由县级以上人民政府统计机构责令改正，给予（　　）。

　　A. 通报　　　　　B. 警告　　　　　C. 严重警告　　　　　D. 记过

　　49. （　　）应在每次发放劳务人员工资后，将工资发放情况记入劳务人员工资台账，做到月结月计，账目清楚，以便以后查用。

　　A. 劳务分包单位　　　B. 承包单位　　　C. 建设单位　　　D. 政府主管部门

　　50. 劳务人员工资台账由用工单位（分包）编制，劳务人员本人签字确认，（　　）报总包单位备案。

　　A. 每天　　　　　B. 每周　　　　　C. 每月　　　　　D. 每季度

　　51. 劳务人员工资台账与劳务人员工资表类似，由项目名称、班组名称、劳务人员姓名、（　　）、相关单位签字盖章组成。

　　A. 劳务人员具体信息　　　　　　　　B. 劳务人员工种

　　C. 劳务人员出勤日期　　　　　　　　D. 劳务人员工资总额

　　52. （　　）设立国家统计局，依法组织领导和协调全国的统计工作。

　　A. 中华人民共和国审计署　　　　　　B. 最高人民法院

　　C. 人民代表大会常务委员会　　　　　D. 国务院

　　53. 县级以上人民政府统计机构进行监督检查时，监督检查人员不得少于（　　），并应当出示执法证件；未出示的，有关单位和个人有权拒绝检查。

A. 2 人　　　　　　B. 3 人　　　　　　C. 4 人　　　　　　D. 5 人

54. 企业事业单位或者其他组织提供不真实或者不完整的统计资料，情节严重的，处（　　）的罚款。

A. 3～5 万元　　　B. 5～10 万元　　　C. 5～20 万元　　　D. 20～50 万元

55. （　　）是明确合同双方责任、权利和义务的法律文件，是劳务费结算的重要依据。

A. 工程承包合同　　B. 专业分包合同　　C. 劳务分包合同　　D. 劳动合同

56. 劳务费是支付（　　）的来源，相关单位要按月结算。

A. 工人工资　　　　B. 劳务工人工资　　C. 劳务队长工资　　D. 劳务员工资

57. 劳务分包作业完工并经承包人验收合格之日起（　　）内向承包人提交完工结算申请单和完整的结算资料，承包人在收到完工结算申请单之日（　　）内予以审核确认。

A. 5 天，5 天　　　B. 7 天，7 天　　　C. 14 天，14 天　　　D. 28 天，28 天

58. 结算劳务费时，项目劳务负责人应编制劳务人员工资表，表中人员必须与（　　）相一致。

A. 花名册　　　　　　　　　　　　　B. 劳务人员增减台账

C. 考勤表　　　　　　　　　　　　　D. 劳务费结算支付情况报表

59. （　　）负责进场劳务人员实名制管理，负责现场劳务人员花名册与工资发放表的核对，依据实际情况填报《劳务费兑付单》，并附劳务分包企业劳务人员工资发放表上报审核。

A. 发包人　　　　　B. 承包人　　　　　C. 分包人　　　　　D. 劳务分包人

60. 承包人负责审核劳务分包企业分包合同签订、备案情况，审核劳务费结算情况；根据（　　）制定兑付方案，决定支付额度。

A. 预留资金情况　　B. 财务状况　　　　C. 工程量完成情况　　D. 劳务费结算情况

61. （　　）负责审核《劳务费兑付单》以及分包企业工资发放表，确定无误并签订后，按规定向分包企业支付劳务费。

A. 发包人　　　　　B. 承包人　　　　　C. 分包人　　　　　D. 劳务分包人

62. 当劳务费支付到劳务分包企业后，承包人项目部要监督分包企业将工资发放到劳务工人本人手中，限期回收有工人本人签字的工资发放表，报（　　）存档备查。

A. 总承包企业　　　B. 承包企业　　　　C. 分包企业　　　　D. 劳务分包企业

63. 为了加强建筑劳务用工管理，切实维护劳务人员合法权益，有效预防和制止拖欠劳务人员工资行为的发生，确保劳务人员维权渠道畅通，扎实做好建筑劳务人员工资支付工作，建筑施工现场须设立（　　）。

A. 消防保卫牌　　　B. 安全生产牌　　　C. 文明施工牌　　　D. 工资公示牌

64. 项目部依据 IC 智能卡系统记录农民工出勤情况、留存的劳动合同书和所属劳务员跟踪记录的农民工务工情况进行核对，经核实无误后，将工资表在施工现场和农民工生活区公示（　　）。

A. 3 天　　　　　　B. 5 天　　　　　　C. 7 天　　　　　　D. 28 天

65. 劳务分包企业应当在工程项目所在地银行开设用于支付劳务员工工资的专用账户，在项目开工后（　　）内按实际用工人数每人不低于本地区最低工资标准，将工资款

项存入专用账户。

    A. 5 天   B. 一周   C. 一个月   D. 一个季度

66. 承包人应当做到对劳务施工队劳务费（　　），或按劳务分包合同约定执行。

    A. 日结月清   B. 日结季清   C. 周结（月）季清 D. 月结（月）季清

67. 承包人应负责监督劳务企业对劳务民工工资（　　）或按劳动合同约定执行，督促其依法支付劳务民工工资。

    A. 日结月清   B. 日结季清   C. 月结月清   D. 月结季清

68. 承包人要按规定建立劳务民工工资预留账户，在甲方支付工程款时按（　　）预留劳务费，由此统一管理并及时支付到劳务分包企业账户，相关部门监督劳务企业及时将工资支付到劳务民工手中。

    A. 比例   B. 民工人数   C. 当月工程量   D. 工人工资

69. 企业人力资源部负责监督和考核各项目部劳务工程款和民工工资支付工作。"劳务工资支付预留账户"设在企业（　　），保障资金安全。

    A. 人力资源部   B. 财务部   C. 工程部   D. 保卫部

70. 承包人或劳务分包企业发包或转包给不具备用工主体资格的组织或个人，该组织或个人拖欠劳务工工资时，（　　）劳务工资支付预留账户资金。

    A. 不得启用   B. 可部分启用   C. 可以启用   D. 必须启用

71. 工程项目未完工，劳务分包企业追加使用农民工或预留资金被启用的，承包人应当按照本账户标准的规定，在（　　）内补齐账户中的资金。

    A. 5 天   B. 14 天   C. 28 天   D. 30 天

72. 办理撤销劳务工资支付预留账户手续时，账户中的存款余额，应转账到（　　）。

    A. 发包企业   B. 总承包企业   C. 专业承包企业   D. 劳务分包企业

73. 劳务分包企业持《农民工工资专用账户开立证明书》到当地建委建筑业管理服务中心领取《建筑业企业档案管理手册》后，按照（　　）原则，选择一个区（县）劳动保障行政部门，将邮政储蓄银行出具的农民工工资专用账户开立证明书进行备案。

    A. 工程主管部门所在地   B. 就近方便

    C. 劳务分包企业主管部门所在地   D. 承包单位要求

74. 建筑业企业一旦发生拖欠农民工工资行为引发群体性事件，应当按规定标准的（　　）交纳农民工工资保证金。

    A. 2 倍   B. 3 倍   C. 4 倍   D. 5 倍

（二）多项选择题

1. 常见的合同发包方式有（　　）。

    A. 招标投标   B. 明码标价交易 C. 单一来源采购 D. 非招标采购

    E. 竞争性谈判采购

2. 劳务分包合同价款包括：（　　）。

    A. 工人工资   B. 劳动保护费   C. 管理费   D. 低值易耗材料费

    E. 周转性材料租赁费

3. 劳务分包人没有采购或租赁（　　）的义务。

A. 主要材料　　　　　B. 周转性材料　　　C. 低值易耗材料　　D. 大型设备

E. 中小型施工机具

4. 劳务费在劳务分包合同中单列的原因主要有（　　　）。

A. 会计明晰性的要求　　　　　　　　B. 劳务费的计税标准和方式不同

C. 现场施工管理的需要　　　　　　　D. 劳务分包人的要求

E. 对农民工权益的保护的需要

5. 所有（　　　）在分包单位工程结算完成后统一支付。

A. 项目劳务费　　　　　　　　　　　B. 劳务分包工程款项

C. 工程索赔费　　　　　　　　　　　D. 工程签证费

E. 利润

6. 根据劳务分包合同价款结算、支付的要求，应按月对劳务费进行签认，填写（　　　）。

A. 劳务费结算支付情况月报表　　　　B. 劳务费结算支付情况季度报表

C. 工程项目劳务费结算支付情况月报表　D. 工程项目劳务费结算支付情况季度报表

E. 劳务费结算支付情况汇总表

7. 建筑施工企业应当对劳动者出勤情况进行记录，作为发放工资的依据，并按照工资支付周期编制工资支付表，考勤情况应真实地体现员工出勤情况，准确度要高，不得（　　　）出勤记录和工资支付表。

A. 伪造　　　　　　B. 变造　　　　　　C. 隐匿　　　　　　D. 销毁

E. 保存

8. 劳务作业人员的考勤方法应依据（　　　）几个方面确定。

A. 建设部的具体要求

B. 工程所在地主管部门的具体要求

C. 建设单位关于劳务作业人员考勤方法的规定

D. 承包单位关于劳务作业人员考勤方法的规定

E. 劳务分包单位关于劳务作业人员考勤方法的规定

9. 员工（　　　）加班的，应支付加班工资，不能安排补休。

A. 休息日　　　B. 工作日　　　C. 春节　　　D. 国庆节

E. 清明节

10. 劳务人员工资表的最终表格由用工单位（分包）编制，必须由（　　　）签字确认，加盖用工企业公章，每月报总包单位备案。

A. 劳务人员本人　　　　　　　　　　B. 劳务负责人

C. 用工企业劳务员　　　　　　　　　D. 用工企业项目负责人

E. 用工企业法人代表

11. 劳务人员（　　　）是反映总包方是否按照规定即时结算和支付分包方劳务费的依据，也是检查分包企业劳务作业人员能否按时发放工资的依据。

A. 考勤表　　　B. 工资表　　　C. 人员增减台账　　　D. 工资台账

E. 支付凭证

12. 统计台账是统计工作整理、汇总、积累资料的重要工具，它将分散记载的原始资料，进行（　　　），形成全面系统的企业生产经营情况的真实资料，为及时、准确编制企业统计报表和开展统计分析创造有利条件。

A. 分组　　　　　　　B. 归纳　　　　　　　C. 总结　　　　　　　D. 计算

E. 汇总

13. 项目部依据（　　）对劳务人员工资表进行核对。

A. IC 智能卡系统记录农民工出勤情况　　　B. 留存的劳动合同书

C. 所属劳务员跟踪记录的农民工务工情况

D. 劳务队长上报的农民工出勤情况

E. 劳务作业人员自己的出勤记录

14. 项目部对劳务人员工资表进行核对，经核实无误 3 天公示后，对确认的工资表分别由（　　）盖章确认。

A. 工程发包企业　　　　　　　　B. 工程总承包企业

C. 劳务发包企业　　　　　　　　D. 劳务分包企业

E. 专业承包企业

15. 承包人与劳务分包人应当依法签订分包合同，必须明确约定（　　）。

A. 支付劳务工程款的时间　　　　B. 结算方式

C. 工程量计算规则　　　　　　　D. 结算程序

E. 保证按期支付的措施

16. 工程项目竣工后，经（　　）联合确认，没有拖欠劳务工工资情形的，可以办理撤销预留户的有关手续。

A. 发包人　　　　B. 承包人　　　　C. 劳务分包企业　　　　D. 工会组织

E. 劳务工代表

（三）判断题（正确填 A，错误填 B）

1. 劳务分包条件下，分包人可自行管理，而且只对与其签订劳务合同的工程承包人负责，工程承包人对发包人负责，劳务分包人对工程发包人不直接承担责任。　　（　　）

2. 招标投标方式的劳务分包合同签订流程：招标→投标→开标→中标→签订合同。

（　　）

3. 发包人将工程劳务作业发包给一个承包人的，装修、设备安装工程等应当分别约定，正负零上下工程应混合约定，确保难易均衡。　　（　　）

4. 承包人有权随时检查劳务作业人员的持证上岗情况，劳务分包人觉得工程设计不合理的，可以对工程提出变更。　　（　　）

5. 劳务分包合同有约定的情况下，承包人可以要求劳务分包人提供或租赁周转性材料。　　（　　）

6. 需要劳务分包人购买或租赁主要材料、大型设备和周转性材料的，必须在劳务分包合同中约定。　　（　　）

7. 劳务费中包含人工工资，人工工资包含于劳务费中。　　（　　）

8. 将劳务费在劳务分包合同中单列，能够确保分清楚各项工作，对加快建筑施工进度、保证工程整体质量、降低工程造价、提高社会经济效益都有着十分重要的意义。　　（　　）

9. 发包人、承包人应当在每月 20 日前对上月完成劳务作业量及应支付劳务分包合同

价款予以书面确认，书面确认时限自发包人收到承包人报送的书面资料之日起计算，最长不得超过 3 日。 （　）

10. 建设单位是政府部门的，如建设资金不落实，有关部门应配合政府部门的工作，给予核发施工许可证，批准开工报告。 （　）

11. 承包人要加强劳务费结算管理工作，做到总分包双方底数清晰，避免发生争议和因此引发恶意讨要工资事件。 （　）

12. 分包单位结算工作必须按合同约定的结算期保证按时、准确、详实、资料齐全（劳务分包方）。 （　）

13. 由项目预算部门提供《分包单位工程月度申请单》，由分包单位人员携此单到项目经理部有关领导和部门签署意见，签好后交至预算部门备查。 （　）

14. 分包单位索赔、签证事件发生后，分包单位应及时向项目经理部预算部门申报。逾期（或项目经理部根据项目不同情况确定时间）未报，则视为分包单位放弃索赔权利。 （　）

15. 在劳务费结算审计过程中，要求工程处对甲方的签证可作为施工队结算依据。 （　）

16. 现场考勤就是对劳务作业人员的考勤。 （　）

17. 劳务作业人员的考勤主要由劳务分包队伍自己负责，项目部劳务员进行监管。 （　）

18. 对于工程所在地对劳务作业人员的考勤方法没有规定的，可实行劳务分包单位关于劳务作业人员的考勤方法。 （　）

19. 对于既没有工程所在地关于劳务作业人员考勤方法的规定、又没有承包单位关于劳务作业人员的考勤方法规定的，可采用劳务分包单位关于劳务作业人员考勤方法的规定，但必须经承包单位认可。 （　）

20. 劳务负责人在每月申领劳务工资时，必须提供上月已发的且有劳务人员本人签字以及相关劳务企业盖章的工资单报给项目部劳务员备案，以鉴定劳务工资是否发给了员工本人。 （　）

21. 项目劳务管理人员必须要求施工队伍负责人提供务工人员工资表，并留存备案，工资表中人员必须和考勤表一致，且必须有务工人员本人签字、施工队伍负责人签字和其所在企业盖章，方可办理劳务费结算。 （　）

22. 建筑施工企业经与劳动者协商后实行分批支付工资的，应当每月预付部分工资，每半年至少结算一次并付清，第二年一月份上旬前结算并付清上年度全年工资余额。 （　）

23. 劳动者在事假期间，用人单位支付其期间的工资应不低于当地最低工资标准。 （　）

24. 在数据处理日益现代化的条件下，统计台账已不是保障统计数据质量较为重要的一环。 （　）

25. 县级以上人民政府统计机构履行监督检查职责时，有关单位和个人应当如实反映情况，提供相关证明和资料，不得拒绝、阻碍检查，不得转移、隐匿、篡改、毁弃原始记录和凭证、统计台账、统计调查表、会计资料及其他相关证明和资料。 （　）

26. 作为统计调查对象的国家机关、企业事业单位或者其他组织，若转移、隐匿、篡改、毁弃或者拒绝提供原始记录和凭证、统计台账、统计调查表及其他相关证明和资料的，其直接负责的主管人员和其他直接责任人员属于国家工作人员的，由县级以上人民政府统计机构依法给予处分。（　　）

27. 统计人员进行统计调查时，应当出示县级以上人民政府统计机构或者有关部门颁发的工作证件；未出示的，统计调查对象有权拒绝调查。（　　）

28. 项目部应及时签订劳务分包合同，必须本着先签订劳务分包合同原则。（　　）

29. 劳务分包合同的签订要遵循"工料分开"的原则，因此主材采购、大型设备租赁必须在劳务分包合同中约定。（　　）

30. 当月完成的工作量应在劳务分包合同专用条款约定的时间内完成结算。（　　）

31. 在每月 25 日前，由劳务分包企业根据所记录的农民工务工情况编制出工资表（纸质版发薪数据文件）报劳务发包企业项目部审核，项目部依据 IC 智能卡系统记录农民工出勤情况、留存的劳动合同书和所属劳务员跟踪记录的农民工务工情况进行核对。（　　）

32. 发包人应对相关单位劳务费发放过程进行监督检查，及时纠正和处理劳务费发放中出现的违规问题，保证劳务工人工资支付到位。（　　）

33. 承包人按规定只能向劳务分包企业支付劳务工程款，不得向无资质的个体承包人支付，但可以实物或有价证券等形式抵付。（　　）

34. 建筑施工企业设立劳务民工工资预留账户，是在出现因用人单位的原因发生欠薪的情况下，专项用于支付劳务民工工资的一种应急保障措施。（　　）

35. 预留户应在银行单独开户，每个劳务分包企业单独建账，由承包人统一管理。（　　）

36. 劳务企业以现金形式支付劳动者工资的，应核实工资是否由队长或班长代发，农民工工资领取必须本人签字，实在没法本人领取的可由他人代发代领。（　　）

37. 由邮政储蓄银行直接转账至劳务分包企业所属农民工实名制卡中的，月建筑民工工资发放清单须张贴在建筑民工工资公示牌的月建筑民工工资发放清单张贴栏内。劳务企业以现金形式支付劳动者工资的，须提前张贴"建筑民工工资发放日期告知牌"。（　　）

（四）案例分析题

2004 年 3 月，王某与同村村民等 10 人进城务工，被建筑公司招用。公司没有与他们签订劳动合同，口头约定王某等 10 人每日工资为 180 元，同时约定公司每月按照当地最低工资标准发给王某等人基本工资，其余工资暂时不发，待年底一次结算；同时公司以建立劳务作业人员花名册为由收缴了王某等 10 人的身份证，等离开公司时再退还。王某等人对此并不情愿，但也只好接受下来。工作期间，公司劳务员为了简化程序，劳务人员考勤表并未进行公示。因泵送混凝土需要，2004 年 4 月有 3 天王某在工作日进行了加班，其后也安排了王某补休。2004 年 10 月，王某母亲病重，急需用钱，王某向公司提出领走 3 月至 10 月少发的工资，公司与王某核对出勤时发现 4 月份公司考勤表记录的王某出勤记录与王某自己的记录不一致，少了 3 天的加班补贴。王某坚持要求公司按照王某自己的考勤记录补发 3 天的加班补贴，为此，公司以"双方有约定，应按约定执行，年底一次付清"为由拒绝付清王某工资；以"3 天加班已经安排了相同时间进行补休"为由拒绝支付王某加班费。双方因此发生争议。

1. 员工在（　　）加班的，首先应安排补休，在不能安排补休时才支付加班费。（单项选择题）

A. 休息日　　　　　　B. 工作日　　　　　　C. 国庆节　　　　　　D. 春节

2. 项目部依据 IC 智能卡系统记录农民工出勤情况、留存的劳动合同书和所属劳务员跟踪记录的农民工务工情况进行核对，经核实无误后，将工资表在施工现场和农民工生活区公示（　　）天，公示后对确认的工资表分别由劳务分包企业、劳务发包企业盖章确认。（单项选择题）

A. 1　　　　　　　　B. 3　　　　　　　　C. 5　　　　　　　　D. 7

3. 劳务工资一般按照当（　　）完成工作量的情况，每（　　）结算。（单项选择题）

A. 日，周　　　　　　B. 周，周　　　　　　C. 日，月　　　　　　D. 月，月

4. 劳务作业人员花名册应包含哪些内容？（　　）（多项选择题）

A. 姓名　　　　　　B. 岗位工种　　　　　　C. 签名　　　　　　D. 身份证号

E. 家庭住址

5. 公司与王某等人的口头劳动合同约定每月按照当地最低工资标准发给王某等人基本工资，其余工资暂时不发，待年底一次结算的做法是正确的。（　　）（判断题，正确填A，错误填 B）

6. 公司以建立劳务作业人员花名册为由收缴了王某等 10 人的身份证，等离开公司时再退还的做法是正确的。（　　）（判断题，正确填 A，错误填 B）

第9章　劳务资料管理

（一）单项选择题

1. 按照（　　）的档案资料管理原则进行规范整理，按照形成规律特点，区别不同价值，便于保管和利用。

A. "一案一卷"　　B. "多案多卷"　　C. "一案多卷"　　D. "多案一卷"

2. 劳务管理资料档案最低保存年限：合同协议类（　　）。

A. 3 年　　　　　　B. 5 年　　　　　　C. 8 年　　　　　　D. 10 年

3. 按照"实名制"管理要求，劳务企业应当建立所属人员的信息档案，其中包括人员姓名、身份证号、学历和（　　）。

A. 性别　　　　　　B. 年龄　　　　　　C. 职业资格证书　　D. 工龄

4. 在劳动统计中，劳动时间通常是以（　　）作为计量单位。

A. 分钟　　　　　　　　　　　　　　B. "小时"或"天"

C. "工日"和"工时"　　　　　　　　D. 月份

5. 在职业资格准入审验中，证书审验不合格，专业与劳务分包施工企业应在（　　）内提交相关资料进行复审。

A. 10 日　　　　　B. 10 个工作日　　　C. 15 个工作日　　　D. 28 日

6. 项目部劳务管理人员必须要求施工队伍负责人在人员进场后 3 日内,将务工人员（　　）进行审核,劳务分包合同签订后 7 日内办理人员注册备案手续。

A. 身份证　　　　　B. 上岗证书　　　　C. 户口　　　　　　D. 花名册

7. 为了全面反映建筑企业生产工人的全部劳动资源的利用情况,分析未被利用的原因,以便改善劳动管理,充分利用劳动资源,可以在（　　）核算的基础上编制劳动时平衡表。

A. 实际工作时间　　B. 劳动时间　　　　C. 有效劳动时间　　D. 实际生产时间

8. 出勤工日数是指在制度规定应工作的工日（工时）中,生产工人（　　）的工日（工时）数,是企业（　　）的劳动时间。

A. 实际出勤,实际可能利用　　　　　　B. 可能出勤,实际利用

C. 实际利用,实际利用　　　　　　　　D. 可能出勤,可能利用

9. 建筑业劳务用工实名制管理是近年来建筑业的一项创新管理,是强化现场（　　）管理和保证农民工工资发放到个人的一项重要措施。

A. 安全用工　　　　B. 正规用工　　　　C. 合理用工　　　　D. 合法用工

10. 在进行（　　）,项目部劳务人员应督促协助外施队伍及时到派出所办理暂住证。

A. 入场工作前　　　　　　　　　　　　B. 施工阶段中

C. 入场教育工作的同时　　　　　　　　D. 入场登记的同时

11. 进场人员（　　）是实名制管理的基础,在工人进场前,统一按照主管部门规定的格式制作花名册,报项目部劳务管理人员审验。

A. 身份证　　　　　B. 花名册　　　　　C. 所属单位　　　　D. 户籍

12. 分包单位提供的所有资料必须提交原件一式（　　）。

A. 两份　　　　　　B. 三份　　　　　　C. 四份　　　　　　D. 五份

13. 对于业主指定分包单位的分部、分项工程,由分包单位自行办理设计变更、洽商,但必须经总包项目经理部（　　）审核签字后方可实施。

A. 总工　　　　　　B. 项目经理　　　　C. 施工员　　　　　D. 法人代表

14. 总包负责招标的分包单位在接到总包项目经理部下发的招标图纸或正式图纸后（　　）内必须将所有图纸问题提交总包技术部门。

A. 6 天　　　　　　B. 7 天　　　　　　C. 8 天　　　　　　D. 9 天

15. 对于业主指定的分包单位工程和总包方实行管理的分部、分项工程,分包单位在工程验收时需向总包项目经理部提供全套施工资料（　　）,包括竣工图。

A. 一式两份　　　　B. 一式三份　　　　C. 一式四份　　　　D. 一式五份

16. 分包单位根据总包项目经理部月度材料计划及施工生产进度情况向总包项目经理部物资管理部门提前（　　）报送材料进场计划。

A. 1～4 天　　　　　B. 2～5 天　　　　　C. 3～6 天　　　　　D. 4～7 天

17. 材料计划要使用正式表格,要有（　　）二人签字,报总包项目经理部物资管理部门进行采购供应。

A. 主管,制表　　　B. 项目经理,主管　C. 项目经理,制表　D. 主管,材料员

18. 劳务作业发包人收到劳务作业承包人递交的结算资料后（　　）内进行核实,给

予确认或提出修改意见。

A. 13 天　　　　　　B. 14 天　　　　　　C. 15 天　　　　　　D. 16 天

19. 分包单位自行采购的物资，必须在（　　）指定合格分供方范围内采购，进场经总包验收合格后，各种质量证明资料报总包物资管理部门备案。

A. 建设单位　　　　B. 业主　　　　　　C. 总包　　　　　　D. 分包

20. 在建筑施工现场起重作业中，地面人员切勿（　　）。

A. 向上张望　　　　　　　　　　　B. 站立在悬吊中的重物下面

C. 讲话　　　　　　　　　　　　　D. 向下张望

21. 下列使用安全帽的做法，哪种不正确？（　　）

A. 附加护耳罩　　　　　　　　　　B. 贴上标记

C. 自己钻孔加扣带　　　　　　　　D. 帽衬和帽壳尽量紧贴

22. 安全带的正确挂扣应该是（　　）。

A. 同一水平　　　B. 低挂高用　　　C. 高挂低用　　　D. 高挂高用

23. 瓦工操作时，下列哪项规定是错误的？（　　）

A. 站在墙上行走

B. 脚手架上堆放的工具和材料不宜过多

C. 在高处作业时，严防接触电线

D. 上下脚手架应走斜道

24. 人工开挖土方，两人横向间距不得小于2m，纵向间距不得小于（　　）m。

A. 1　　　　　　　B. 2　　　　　　　C. 3　　　　　　　D. 4

25. 遇到（　　）天气不能从事高处作业。

A. 6 级以上的风天和雷暴雨天　　　B. 冬天

C. 35 度以上的热天　　　　　　　D. 5 级以上的风天

26. 市民如发现缺少安全防护措施的施工现场，应及时（　　）。

A. 向有关部门举报　　　　　　　　B. 向施工单位举报

C. 向施工单位提示　　　　　　　　D. 向建设单位举报

27. 脚手架必须按楼层与结构拉接牢固，拉接点垂直距离和水平距离分别不超过（　　）m 和（　　）m。

A. 2，4　　　　　B. 3，5　　　　　C. 4，6　　　　　D. 5，7

（二）多项选择题

1. 对统计资料进行审核，主要是审核原始资料的（　　）。

A. 准确性　　　B. 及时性　　　C. 全面性　　　D. 系统性

E. 广泛性

2. 统计分组可分为（　　）两个基本类型。

A. 按品质标志分组　　　　　　　　B. 按数量标志分组

C. 按类别标志分组　　　　　　　　D. 按价格标志分组

E. 按定义分组

3. 农民工夜读校资料包含"农民工夜校"组织机构及人员名单，此外，还包含（　　）。

A. "农民工夜校"组织机构的所在地等资料

B. 农民工教育师资队伍名录及证书与证明

C. "农民工夜校"管理条例

D. "农民工夜校"培训记录

E. "农民工夜校"管理制度

4. 以下可作为劳务分包企业进场作业人员实际发生作业行为工资分配的证明有（　　）。

A. 工资表　　　　B. 花名册　　　　C. 支付凭证　　　　D. 考勤表

E. 身份证

5. 安全生产管理具体包括哪几方面的内容？（　　）

A. 安全生产法制管理　　　　　　　B. 行政管理

C. 工艺技术管理　　　　　　　　　D. 设备设施管理

E. 卫生管理

6. 在生产过程中，下列哪些属于事故？（　　）

A. 人员死亡　　　　B. 人员重伤　　　　C. 财产损失　　　　D. 人员轻伤

E. 人员情绪受影响

（三）判断题（正确填 A，错误填 B）

1. 劳务管理资料档案最低保存年限，统计报表类为 5 年。　　　　　　　（　　）

2. 分包单位提供的所有资料必须提交原件一式三份。　　　　　　　　　（　　）

3. 档案管理人员应按照年度档案要求进行整理在次年的 5 月底前根据归档计划，将上一年度档案资料按时存档。　　　　　　　　　　　　　　　　　　　（　　）

4. 劳务管理资料档案文件记录类最低保存年限 8 年。　　　　　　　　　（　　）

5. 劳务分包合同可使用分公司、项目经理部印章。　　　　　　　　　　（　　）

6. 劳务管理资料应按照"一案一卷"的档案资料管理原则进行规范管理。　（　　）

7. 用人单位自用工之日起即与劳动者建立劳动关系。　　　　　　　　　（　　）

8. 发包人应当在劳务分包合同订立后 15 日内到有关部门备案。　　　　　（　　）

9. 劳务资料尽量使用原件，原件丢失时，可用为复印件。　　　　　　　（　　）

10. 为节约施工成本，建筑施工中产生的泥浆水可以直接排入城市排水设施和河流。

（　　）

11. 国家实行生产安全事故责任追究制度。　　　　　　　　　　　　　（　　）

12. 施工用电中的开关箱最新要求是：开关箱应做到每台机械有专用的开关箱，即："一机、一闸、一漏、一箱"。　　　　　　　　　　　　　　　　　　　（　　）

13. 职业性安全健康监护体检，一线工人周期为 1 年一次。　　　　　　（　　）

14. 劳务承包人必须与每个劳务作业人员签订劳动合同，不得私招乱雇使用零散工。

（　　）

（四）案例分析题

公司成立于 2005 年 4 月 20 日，注册资金为 90 万元人民币，其经营范围包括：建筑劳务分包，营业期限自 2007 年 12 月 17 日至 2010 年 12 月 17 日。乙公司承包了位于方城县方舟城市花园 1♯、2♯、3♯楼的土建、模板打油等工程后，于 2007 年 11 月 30 日，将方舟城市花园 2 号楼主体劳务施工分包给了甲公司。合同约定，乙公司在扣除 1.5％的劳务费后将工程款支付给甲公司。在施工期内发生的一切开支及其他应缴纳的各种社会保险费用均由甲公司自行承担。同时，该合同还约定，甲公司应对自身队伍的施工质量、工期、安全等负全责任并承担相应的经济损失及项目部的考核奖罚。该合同签订后，经介绍王恩德于 2007 年 11 月 30 日到方城县方舟城市花园工地劳动。2007 年 12 月 10 日上午 9：00 左右，王恩德在工地二楼外墙扎钢筋时，从楼上摔下来。2007 年 12 月 11 日，王恩德被送往该市医专附院进行手术治疗。2008 年 1 月 22 日出院，共住院 42 天，王恩德在医院治疗期间的医药费由甲公司支付。还向王恩德支付了 2007 年 11 月 30 日至 2007 年 12 月 10 日之间的劳务费，每天 60 元，9 天共计 540 元。2008 年 5 月 16 日，经南阳南石法医临床司法鉴定所鉴定，王恩德脾脏摘除，构成伤残六级，王恩德多次找甲公司协商解决，但终未达成一致意见，王恩德诉至法院，要求判甲公司连带支付伤残赔偿金 38516元，误工费 90 天，每天 60 元共 5400 元，被抚养人生活费 12382.05 元，精神抚慰金 3 万元，共计 87298.05 元

1. 甲公司企业资质标准为（　　）。（单项选择题）

A. 一级　　　　　　B. 二级　　　　　　C. 三级　　　　　　D. 四级

2. 下列说法正确的是：（　　）。（多项选择题）

A. 甲公司没有资质承包乙公司分包项目

B. 甲公司未和王恩德签订劳务合同，所以无须负责

C. 乙公司将承包工程分包给甲公司后出现的事故乙公司也要承担责任

D. 王恩德要求的索赔是合理的

E. 甲公司有资质承包乙公司分包项目

3. 劳务管理人员必须限分包企业在（　　）内与每位务工人员签订劳动合同并留存备案。（单项选择题）

A. 2 日　　　　　　B. 3 日　　　　　　C. 4 日　　　　　　D. 5 日

4. 受伤害职工或者其直系亲属、工会组织申请工伤认定时限：1 年，自事故伤害发生之日或者被诊断、鉴定为职业病之日起算。（　　）（判断题，正确填 A，错误填 B）

5. （　　）是基于对工伤职工的赔偿责任而设立的一种社会保险制度。（单项选择题）

A. 工伤保险　　　B. 医疗保险　　　C. 养老保险　　　D. 其他社会保险

6. 工伤或伤亡职工的治疗与抚恤包括：因工伤亡赔偿、护理费、非法用工伤亡赔偿。（　　）（判断题，正确填 A，错误填 B）

三、参 考 答 案

第 1 章　劳务员岗位相关的标准和管理规定

（一）单项选择题

1. B；2. C；3. C；4. D；5. C；6. C；7. B；8. D；9. D；10. C；11. C；12. B；13. C；
14. B；15. A；16. B；17. B；18. D；19. A；20. A；21. D；22. D；23. A；24. A；25. D；
26. D；27. C；28. B；29. C；30. D；31. D；32. B；33. A；34. B；35. D

（二）多项选择题

1. ACD；2. ABCD；3. ACD；4. ABCE；5. BCD；6. ABC；7. ACDE；8. DE

（三）判断题

1. A；2. A；3. A；4. B；5. B；6. B；7. A；8. B；9. B；10. A；11. A；12. B；13. A；
14. B；15. A；16. B

（四）案例分析题

1. C；2. A；3. B；4. CDE；5. A；6. B

第 2 章　劳动定额的基本知识

（一）单项选择题

1. B；2. D；3. A；4. D；5. C；6. C；7. B；8. B；9. A；10. C；11. A；12. B

（二）多项选择题

1. ACE；2. ABC；3. ABDE

（三）判断题

1. A；2. B；3. B；4. A；5. A；6. B；7. B；8. B

（四）案例分析题

1. B；2. D；3. D；4. ACD；5. A；6. A

第3章 劳务用工计划管理

（一）单项选择题

1. D；2. B；3. C；4. A；5. A；6. B；7. C；8. C；9. C；10. D；11. D；12. B；13. B；
14. B；15. D；16. C；17. B；18. A；19. B；20. C；21. C；22. B；23. B；24. A；25. B；
26. A；27. B；28. D；29. B；30. D；31. C；32. A；33. A；34. D；35. C；36. A

（二）多项选择题

1. ABDE；2. ADE；3. ABCE；4. ABCD；5. ABD；6. CDE；7. ABCD；8. ABCE；
9. AC；10. ABCE

（三）判断题

1. A；2. B；3. B；4. A；5. A；6. A；7. A；8. B；9. A；10. B；11. A；12. A；13. A；
14. A；15. B；16. A；17. B；18. A

（四）案例分析题
1. B；2. B；3. ABCE；4. D；5. A；6. B

第4章 劳动合同管理

（一）单项选择题

1. C；2. B；3. D；4. B；5. B；6. B；7. C；8. B；9. A；10. B；11. A；12. A；13. C；
14. A；15. B；16. C；17. A；18. B；19. B；20. C；21. C；22. D；23. A；24. C；25. A；
26. C；27. B；28. C；29. D；30. D；31. A；32. B；33. B；34. B；35. C；36. A

（二）多项选择题

1. ABC；2. ACDE；3. ABCE；4. ABCD；5. ACDE；6. AB；7. ABCD；8. ABCD；
9. ABE；10. CDE

（三）判断题

1. B；2. A；3. B；4. B；5. B；6. B；7. A；8. B；9. B；10. B；11. A；12. B；13. A；
14. A；15. B；16. B；17. B；18. A；19. B；20. B；21. A；22. A；23. B

（四）案例分析题

1. D；2. C；3. C；4. ABC；5. B；6. B

第5章 劳务分包管理

(一) 单项选择题

1. B；2. C；3. A；4. D；5. B；6. D；7. C；8. C；9. A；10. C；11. B；12. B；13. C；
14. A；15. C；16. C；17. C；18. D；19. A；20. A；21. B；22. A；23. C；24. C；25. D；
26. A；27. D；28. A；29. D；30. C；31. A；32. A；33. B；34. B；35. D；36. C；37. A；
38. C；39. B；40. D；41. D；42. C；43. C；44. D；45. B；46. D；47. A；48. A；49. B；
50. A；51. B；52. B；53. D；54. D

(二) 多项选择题

1. ACD；2. ABDE；3. ABC；4. ABCD；5. ABCE；6. CD；7. ABE

(三) 判断题

1. B；2. A；3. B；4. A；5. A；6. B；7. A；8. B；9. B；10. B；11. A；12. B；13. A；
14. B；15. A；16. B；17. B；18. B；19. A；20. A；21. A；22. B；23. A；24. A；25. A；
26. B；27. A；28. B；29. B；30. A

(四) 案例分析题

1. B；2. C；3. B；4. ADE；5. A；6. B

第6章 劳务纠纷管理

(一) 单项选择题

1. A；2. B；3. D；4. B；5. B；6. C；7. B；8. D；9. D；10. B；11. C；12. D；13. C；
14. A；15. C；16. D；17. B；18. C；19. B；20. D；21. C；22. A；23. C；24. C；25. B；
26. B；27. C；28. B；29. D；30. A；31. A；32. D；33. D；34. B；35. A；36. B；37. B；
38. C；39. A；40. A；41. B；42. A；43. D；44. B；45. B；46. A；47. D；48. C；49. B；
50. D；51. B；52. A；53. C；54. D；55. B；56. C；57. B；58. D；59. C；60. D；61. B；
62. C；63. A；64. D

(二) 多项选择题

1. ABC；2. ABE；3. ACD；4. ACD；5. AC；6. ACD；7. ABCE；8. ABCD；9. BCD；
10. ABCD

(三) 判断题

1. B；2. A；3. A；4. A；5. B；6. B；7. B；8. A；9. B；10. B；11. A；12. A；13. B；

14. A；15. A；16. A；17. B；18. B；19. A；20. B；21. A；22. B；23. B；24. B；25. A；
26A；27. B；28. B；29. A；30. B；31. B

（四）案例分析题

1. A；2. A；3. B；4. ABE；5. C；6. B

第7章　社会保险的基本知识

（一）单项选择题

1. D；2. C；3. A；4. C；5. D

（二）判断题

1. B；2. A；3. B

（三）案例分析题

1. B；2. C；3. C；4. ABDE；5. A；6. B

第8章　劳务分包款及劳务人员工资管理

（一）单项选择题

1. B；2. C；3. B；4. D；5. C；6. A；7. D；8. C；9. D；10. D；11. B；12. A；13. B；
14. C；15. D；16. A；17. C；18. D；19. B；20. A；21. B；22. C；23. B；24. B；25. C；
26. D；27. A；28. C；29. A；30. B；31. A；32. B；33. C；34. C；35. B；36. A；37. A；
38. D；39. C；40. B；41. C；42. D；43. C；44. A；45. A；46. A；47. D；48. B；49. A；
50. C；51. A；52. D；53. A；54. C；55. C；56. B；57. D；58. C；59. B；60. A；61. B；
62. A；63. D；64. A；65. C；66. D；67. C；68. A；69. B；70. A；71. D；72. D；
73. B；74. A

（二）多项选择题

1. ABD；　2. ABCD；　3. ABD；　4. ABCE；　5. CD；　6. ACE；　7. ABCD；　8. BDE；
9. BCDE；10. ABCD；11. DE；12. ABDE；13. ABC；14. CD；15. ABE；16. BCDE

（三）判断题

1. A；2. B；3. B；4. B；5. B；6. B；7. A；8. A；9. A；10. B；11. A；12. B；13. A；
14. A；15. B；16. B；17. A；18. B；19. A；20. B；21. A；22. A；23. B；24. B；25. A；
26. B；27. A；28. A；29. B；30. A；31. A；32. B；33. B；34. A；35. B；36. B；37. A

（四）案例分析题

1. A；2. B；3. D；4. ABDE；5. B；6. B

第9章 劳务资料管理

（一）单项选择题

1. A；2. C；3. C；4. C；5. C；6. B；7. B；8. A；9. D；10. C；11. B；12. B；13. A；
14. B；15. C；16. B；17. A；18. B；19. C；20. B；21. C；22. C；23. A；24. C；25. A；
26. A；27. C

（二）多项选择题

1. ABCD；2. AB；3. BDE；4. AD；5. ABCD；6. ABCD

（三）判断题

1. A；2. A；3. A；4. A；5. B；6. A；7. A；8. B；9. B；10. B；11. A；12. A；
13. A；14. A

（四）案例分析题

1. B；2. AD；3. B；4. A；5. A；6. A

第三部分

模 拟 试 卷

模 拟 试 卷

第一部分　专业基础知识

一、单项选择题（50题，每题1分）

1.《建筑法》规定，建筑企业按照其具备注册资本、技术装备、已完成的建筑工程业绩和（　　）等资质条件，可申报不同等级资质企业。

A. 工程技术人员数量　　B. 员工数量　　　C. 专业技术人员数量　　D. 注册建造师数量

2. 我国《安全生产法》中关于矿山、金属冶炼、建筑施工、道路运输单位和危险物品的生产、经营、储存单位建立安全生产保障体系的规定是（　　）。

A. 设置安全生产监督机构

B. 配备兼职安全生产管理人员

C. 设置安全生产管理机构或者配备专职安全生产管理人员

D. 设置安全生产监督机构并且配备专职安全生产管理人员

3. 根据《建设工程安全生产管理条例》的规定，由施工单位对达到一定规模的危险性较大的分部分项工程编制的专项施工方案，实施前应当由（　　）。

A. 施工单位技术负责人、专业监理工程师签字

B. 施工单位技术负责人、建设单位负责人签字

C. 建设单位技术负责人、总监理工程师签字

D. 施工单位技术负责人、总监理工程师签字

4. 下列材料即能在空气中硬化又能在水中硬化的是（　　）。

A. 石灰　　　　　　　B. 石膏　　　　C. 水泥　　　　　　D. 水玻璃

5. 钢筋与混凝土能共同工作的主要原因是（　　）。

A. 防火、防锈

B. 混凝土对钢筋的握裹及保护

C. 混凝土与钢筋有足够的粘结力，两者线膨胀系数接近

D. 钢筋抗拉而混凝土抗压

6. 定位轴线应用（　　）绘制。

A. 粗实线　　　　　　B. 细实线　　　C. 虚线　　　　　　D. 细点划线

7. 总平面图中室外地面整平标高标注的是（　　）。

A. 建筑标高　　　　　B. 结构标高　　　C. 相对标高　　　　D. 绝对标高

8. 建筑物立面图是平行于建筑物各方向外表立面的（　　）。

A. 剖面图　　　　　　B. 正投影图　　　C. 断面图　　　　　D. 轴测图

9. 土方的边坡坡度一般以（　　）表示，它影响到土方开挖边坡的稳定性。

A. 坡底宽度（b）与挖方深度（h）之比

B. 挖方深度（h）坡底宽度（b）之比

C. 边坡系数（m）与坡底宽度（b）之比

D. 边坡系数（m）与挖方深度（h）之比

10. 按防水构造做法不同分类，有（　　）。

A. 结构构件自防水　　　　　　　　B. 卷材防水

C. 涂膜防水　　　　　　　　　　　D. 细石混凝土防水

11. 刚性多层抹面水泥砂浆防水层是利用不同（　　）的水泥浆和水泥砂浆分层分次抹压施工而成的防水层。

A. 配合比　　　　B. 抗压强度　　　C. 水泥品种　　　D. 颗粒粒径

12. 项目管理的最基本的方法论是（　　）的动态控制。

A. 利润目标　　　B. 安全目标　　　C. 项目目标　　　D. 质量目标

13. 组织协调的主要目的是（　　）。

A. 缩短施工周期　　　　　　　　　B. 提高施工质量

C. 提高项目利润　　　　　　　　　D. 保证目标实现

14. 影响施工项目质量的因素较多，其中（　　）是第一重要因素。

A. 人　　　　　　B. 材料　　　　　C. 机械设备　　　D. 工艺方法

15. 下列选项不属于施工准备阶段质量控制的是（　　）。

A. 施工组织设计　　B. 测量控制　　C. 采购质量控制　　D. 质量教育与培训

16. 对怀孕（　　）个月以上的女职工，不得安排其延长工作时间和夜班劳动。

A. 4　　　　　　　B. 5　　　　　　C. 6　　　　　　D. 7

17. 小王在单位已经工作了11年，按规定他可休（　　）年休假

A. 5 天　　　　　B. 7 天　　　　　C. 10 天　　　　D. 15 天

18. 劳动保护费是指企业购买职工在劳动中实际使用的（　　）等一切费用支出。

A. 劳动用品与保健用品　　　　　　B. 劳动保险与劳动保障

C. 劳动保险与劳动用品　　　　　　D. 劳动保险与保健用品

19. 对劳动合同的无效或者部分无效有争议的，由（　　）或者人民法院确认。

A. 劳动行政部门　　　　　　　　　B. 劳动监察机构

C. 劳动争议调解委员会　　　　　　D. 劳动争议仲裁机构

20. 劳动争议申请仲裁的时效期间为（　　）年。

A. 一　　　　　　B. 二　　　　　　C. 三　　　　　　D. 五

21. 用人单位强令劳动者违章冒险作业，发生重大伤亡事故，造成严重后果的，对责任人员依法追究（　　）。

A. 行政责任　　　B. 领导责任　　　C. 赔偿责任　　　D. 刑事责任

22. 用人单位非法招用未满十六周岁的未成年人，由劳动行政部门责令改正，处以罚款；情节严重的，（　　）。

A. 由劳动行政部门责令停业，加倍罚款

B. 由工商行政管理部门吊销营业执照

C. 由工商行政管理部门责令停业，加倍罚款

D. 由业务主管部门责令停业，加倍罚款

23. 流动人口社会保障，是指流动人口（　　），对外来流动人口提供的社会保障。

A. 所在地　　　　　B. 户籍地　　　　C. 流出地　　　　D. 出生地

24.《流动人口计划生育工作条例规定》，流动人口未办理婚育证明或逾期仍不补办的，由流动人口现居住地的乡（镇）人民政府或者街道办事处予以（　　）。

A. 批评教育　　　　B. 警告　　　　　C. 罚款　　　　　D. 处分

25. 下列（　　）不能设立信访工作机构。

A. 县级人民政府　　　　　　　　　B. 市级人民政府

C. 乡镇级人民政府　　　　　　　　D. 省级人民政府

26. 信访机构工作人员因违法行为严重侵害信访人合法权益，且没通过（　　）等渠道予以纠正导致信访事项发生，应承担法律责任。

A. 行政复议、行政诉讼、经济处罚

B. 行政复议、行政诉讼、行政赔偿

C. 救济赔偿、行政诉讼、法院起诉

D. 民事仲裁、行政复议、经济赔偿

27. 根据生产任务和生产人员的劳动效率计算生产定员人数，主要适用于（　　）岗位或工种。

A. 辅助人员　　　　B. 操作人员　　　C. 服务人员　　　D. 确定劳动定额

28. 企业的人力资源保障是人力资源计划中应解决的（　　）。

A. 关键　　　　　　B. 基础　　　　　C. 重点　　　　　D. 核心

29. 企业在作出解聘或开除决定时，要保证（　　）原则。

A. 效益　　　　　　B. 公平　　　　　C. 慎重　　　　　D. 满意

30. 在培训过程管理中，培训结束后接着要做的工作是（　　）。

A. 培训意见　　　　B. 培训建议　　　C. 培训评估　　　D. 培训总结

31. 在绩效管理中，（　　）部分是管理活动的核心环节。

A. 绩效计划　　　　B. 绩效跟进　　　C. 绩效考核　　　D. 绩效反馈

32. 基础薪酬是指（　　）。

A. 奖金　　　　　　B. 津贴　　　　　C. 工资　　　　　D. 提成工资

33. 员工获得的薪酬应与其付出成正比，称为（　　）

A. 客观公平　　　　B. 自我公平　　　C. 内部公平　　　D. 外部公平

34. 企业核心人员一般采用基于（　　）的薪酬模式。

A. 岗位　　　　　　B. 绩效　　　　　C. 年功　　　　　D. 市场

35. 绩效考核中，出现比较早，也比较常用的方法是（　　）。

A. 业绩评定表法　　　　　　　　　B. 行为锚定评价法

C. 行为观察比较法　　　　　　　　D. 关键绩效指标法

36. 费用按经济用途可分为（　　）。

A. 生产费用和间接费用　　　　　　B. 生产费用和期间费用

C. 直接费用和期间费用　　　　　　D. 直接费用和间接费用

37. 下列各项中，不应计入销售费用的是（   ）。

A. 已售商品预计保修费用

B. 为推广新产品而发生的广告费用

C. 随同商品出售且单独计价的包装物成本

D. 随同商品出售而不单独计价的包装物成本

38. 某机电安装公司2011年10月发生施工材料费用60万元，人工费5万元，机械使用费2万元，财产保险费5万元。根据企业会计准则及其相关规定，则此项工程成本是（   ）。

A. 30万元　　　　　B. 65万元　　　C. 90万元　　　　　D. 95万元

39. 某建筑劳务公司于2012年11月发生工程人员劳动保护费2万元，相关规定，工程人员劳动保护费计入企业的（   ）。

A. 间接费用　　　B. 期间费用　　　C. 直接费用　　　D. 资本性支出

40. 在一个会计年度内完成的施工承包合同，应在（   ）确认合同收入。

A. 资产负债表日　　　　　　　　B. 合同完成时

C. 合同完成年末　　　　　　　　D. 合同规定的时期

41. 以下应计入合同成本的是（   ）。

A. 直接费用　　　　　　　　　　B. 管理费用

C. 销售费用　　　　　　　　　　D. 财务费用

42. 以下利润总额的计算公式中，表达正确的是（   ）。

A. 利润总额＝营业收入－营业成本－营业税金及附加－期间费用

B. 利润总额＝营业收入－营业成本－营业税金及附加－期间费用－资产减值损失＋公允价值变动收益＋投资收益

C. 利润总额＝营业利润＋营业外收入－营业外支出

D. 利润总额＝营业利润＋营业外收入－营业外支出－所得税

43. 在可变更、可撤销合同变更、撤销之前，该合同（   ）。

A. 没有效力　　　B. 可以变更　　　C. 允许撤销　　　D. 具有效力

44. 承包人和劳务分包人的劳务分包合同签订的流程根据合同（   ）的不同而不同。

A. 当事人约定　　　B. 发包方式　　　C. 合同性质　　　D. 劳务工作量

45. 合同价格是指承包人用于支付劳务分包人按照合同约定完成劳务作业范围内全部劳务作业的金额，包括（   ）按合同约定发生的价格变化。

A. 当事人协议　　　B. 合同履行过程中　　C. 双方约定　　　D. 备案的合同

46. 承包人提供的材料在进场时应由（   ）负责验收。

A. 承包人自己　　　B. 劳务分包人　　C. 材料员　　　D. 双方一起

47. 关于总价合同，合同当事人应在专用合同条款中约定总价包含的（   ）和风险费用的计算方法，并约定风险范围以外的合同价格的调整方法。

A. 整个报价　　　B. 风险范围　　　C. 各类规费　　　D. 人工费和管理费

48. 劳务分包合同总体分析的结果，要（   ）表达出来，由项目经理和项目部其他职能部门分析和掌握，作为履行劳务分包合同的参考。

A. 文字形式　　　　　　B. 简单直观的　　C. 由项目部　　　　　D. 劳动工资部门

49. 建筑工程领域内的合同涉及标的大（　　　），《合同法》第 270 条规定该领域所签合同应当采用书面形式，分包合同亦不例外。

A. 造价高　　　　　　B. 影响面广　　　C. 体量大　　　　　D. 公共安全要求高

50. 任何暂定价、暂估价、概算价等都不能作为合同价款，（　　　）价格不能作为合同价。

A. 当事人协商的　　　　B. 约而不定的　　C. 业主签订的　　　　D. 工程师签订的

二、多项选择题（10 题，每题 2 分）

51. 根据《建设工程质量管理条例》，关于施工单位质量责任和义务的说法，正确的有（　　　）。

A. 对施工质量负责

B. 按照工程设计图纸和施工技术标准施工

C. 对建筑材料、设备等进行检验检测

D. 建立健全施工质量检验制度

E. 审查批准高大模板工程的专项施工方案

52. 在建筑工程图样上，尺寸的组成包括（　　　）。

A. 尺寸界线　　　　　　B. 尺寸线　　　　C. 尺寸起止符号　　　D. 尺寸大小

E. 尺寸数字

53. 施工项目管理的目标应符合合同的要求，其主要内容包括（　　　）。

A. 施工的质量目标　　　　　　　　B. 施工的利润目标

C. 施工的进度目标　　　　　　　　D. 施工的安全管理目标

E. 文明施工和环境保护目标

54. 信访事项的受理程序包括（　　　）。

A. 受理　　　　　　　　B. 登记　　　　　C. 初步审查　　　　　D. 事实核定

E. 作出决定

55. 薪酬管理应达到以下三个目标：（　　　）。

A. 效率　　　　　　　　B. 公平　　　　　C. 合法　　　　　　　D. 激励

E. 竞争

56. 费用可能表现为（　　　）。

A. 资产的增加　　　　　B. 负债的减少　　C. 所有者权益减少

D. 资产的减少和负债的增加　　　　E. 资源的流入

57. 下列项目中属于直接计入当期利润的利得和损失的有（　　　）。

A. 财务费用　　　　　　B. 管理费用　　　C. 营业外支出

D. 营业外收入　　　　　E. 销售费用

58. 合同的效力一般可以分为以下几大类，即（　　　）。

A. 有效合同

B. 无效合同

C. 可变更、可撤销合同

D. 当事人签订并备案合同

E. 效力待定合同

59. 主合同的成立与效力直接影响到从合同的成立与效力，主合同与从合同的关系是（　　）。

A. 主合同不成立，从合同也不能有效成立

B. 主合同转让，从合同也就不能单独存在

C. 主合同被判定无效或宣告撤销，从合同也就失效

D. 主合同终止，从合同也随即终止

E. 主合同变更，从合同也变更

60. 劳务分包单价合同有（　　）。

A. 工作量清单劳务费综合单价合同

B. 当事人商定单价合同

C. 工种工日单价合同

D. 综合工日单价合同

E. 建筑面积综合单价合同

三、判断题（20题，每题0.5分，正确填 A，错误填 B）

61. 施工单位在施工过程中如发现设计文件和图纸的差错，如不影响主体结构，可自行处理。（　　）

62. 劳动者拒绝用人单位管理人员违章指挥、强令冒险作业的，不视为违反劳动合同。这是《劳动合同法》针对劳动安全卫生方面的规定。（　　）

63. 基坑（槽）挖好后，应停留一段时间再进行基础工程施工。（　　）

64. 在工程开工前，由总包单位技术部门编制施工项目管理实施规划，对施工项目管理从开工到交工验收进行全面的指导性规划。（　　）

65. 2m 以上的高处、悬空作业、无安全设施的，必须系好安全带，扣好保险钩。安全带应挂在不超过作业面的部位。（　　）

66. 施工场地只能包括红线以内占用的建筑用地，不能包括红线以外临时施工用地。（　　）

67. 未成年工是指未满 16 周岁的劳动者。（　　）

68. 劳动合同确认无效，责任主体是用人单位。（　　）

69. 用人单位违反劳动法的责任包括民事责任和刑事责任。（　　）

70. 协调处理重要的信访事项是信访工作机构的职责之一。（　　）

71. 信访人对提供公共服务的企业、事业单位及其工作人员有意见时，可以向有关行政机关提出信访事项。（　　）

72. 对有投诉要求的信访事项，信访人对办理意见不服的，可以寻求复查、复核等申请救济。（　　）

73. 信访调查的过程应当注意保守秘密、不能公开。（　　）

74. 人力资源培训的内容包括：知识培训、技能培训和态度培训。（　　）

75. 绩效沟通可以是正式的与员工进行交流，也可以是非正式的，与员工随时交流。（　　）

76. 企业、部门、团队、个人的绩效均可以作为绩效薪酬模式的依据。（　　）

77. 当事人不可以自愿约定违约责任，一旦发生争议，不可以自愿选择解决争议的方法。（　　）

78. 因合同纠纷的诉讼属于民事诉讼，当事人如果没有仲裁协议，任何一方都可以向人民法院提起民事诉讼，请求人民法院对合同纠纷依法予以审定处理。（　　）

79. 合同当事人应在专用合同条款中约定建筑面积综合单价包含的风险范围和风险费用的计算方法，并约定风险范围内的合同价格的调整方法。（　　）

80. 劳务分包合同总体分析的结果，要简单直观地表达出来，由项目经理和项目部其他职能部门分析和掌握，作为履行劳务分包合同的参考。（　　）

四、案例分析题（共 4 大题，每题共 5 分，含单选题 2 题、多选题 1 题、判断题 2 题）

81～85 背景材料：

陈某于 2008 年 4 月 1 日到某工程施工单位工作，担任项目工程师。2008 年 4 月 1 日，双方签订了二年期劳动合同，合同期限为 2008 年 4 月 1 日至 2010 年 3 月 31 日。劳动合同期满后，双方又续签了二年期劳动合同，合同终止时间为 2012 年 3 月 31 日。在 2012 年 2 月 28 日，施工单位单方面向陈某做出《终止劳动合同通知书》，书面告知与陈某签订的劳动合同于 2012 年 3 月 31 日期满后终止劳动关系。陈某拒绝签署《终止劳动合同通知书》，并要求签订无固定期限劳动合同。因公司不同意陈某的要求，并于 2012 年 4 月 1 日停止了陈某的工作，为此，陈某申请劳动仲裁。

81.（单选题）施工单位与陈某连续签订了两次固定期限劳动合同后，第三次陈某可以要求签订（　　）。

A. 固定期限劳动合同

B. 无固定期限劳动合同

C. 以完成一定工作任务为期限的劳动合同

D. 非全日制劳动合同

82.（单选题）劳动合同的终止，是指（　　）的权利义务因履行完毕而归于消灭，劳动合同关系不复存在，劳动合同对用人单位和劳动者双方不再具有法律约束力。

A. 用人单位　B. 劳动者　C. 劳动合同双方当事人　D. 劳动合同一方

83.（多选题）应当订立无固定期限劳动合同的情形有（　　）。

A. 劳动者在该用人单位连续工作满十年

B. 劳动者严重违反用人单位的规章制度的

C. 用人单位初次实行劳动合同制度或者国有企业改制重新订立劳动合同时劳动者在该用人单位连续工作满十年且距法定退休年龄不足十年的

D. 连续订立二次固定期限劳动合同，且劳动者没有相关过失

E. 劳动者被依法追究刑事责任的

84.（判断题）该单位单方面停止陈某的工作的行为是正确的。（　　）

85.（判断题）劳动者不能胜任工作，经过培训或者调整工作岗位，仍不能胜任工作的，用人单位提前 30 天以书面形式通知劳动者本人，可以解除劳动合同。（　　）

86～90 背景材料：

某多层现浇混凝土框架结构办公楼工程，位于 7 度抗震设防地区，共 5 层，层高 3.3m，坡屋顶。基础为柱下钢筋混凝土独立基础，墙下条形基础，基础墙采用 MU15 的混凝土砖砌筑，上部墙体采用 MU7.5 混凝土空心砖砌筑，所用的砂浆有 M10 的水泥砂浆和 M5 混合砂浆。砌筑时外部采用扣件式钢管脚手架，里面采用角钢折叠式里脚手架。基础和上部结构均采用 C30 混凝土，屋面为钢筋混凝土现浇坡屋面。整个工程历时 300 天完成，施工良好，无安全事故发生。

86.（单选题）本工程中梁支座处上部钢筋连接优先采用（　　）的连接方式。

A. 绑扎搭接　　　　B. 机械连接　　　　C. 埋弧焊接　　　　D. 电阻点焊

87.（单选题）浇筑竖向构件时，高度大于（　　）m 时，要用串筒或溜槽下料，防止混凝土出现分层离析，影响混凝土质量。

A. 1　　　　　　　B. 2　　　　　　　C. 3　　　　　　　D. 4

E. 5

88.（多选题）本工程中模板按照使用部位可以分成（　　）。

A. 梁模板　　　　B. 柱模板　　　　C. 墙模板　　　　D. 楼梯模板

E. 板模板

89.（判断题）该工程砖砌体施工工艺应为：找平→放线→摆砖样→立皮数杆→挂准线→铺灰→砌砖→清理。（　　）

90.（判断题）该工程基础墙采用 M5 混合砂浆砌筑。（　　）

91～95 背景材料：

2003 年 10 月 2 日，某市帆布厂（以下简称甲方）与某市区修建工程队（以下简称乙方）订立了建筑工程承包工程。合同规定：乙方为甲方建一框架厂房，跨度 12m，总造价为 98.9 万元；承包方式为包工包料；开、竣工日期为 1993 年 11 月 2 日至 1995 年 3 月 10 日。自工程开工至 1995 年底，甲方付给乙方工程款、材料垫付款共 101.6 万元。到合同规定的竣工期限，未能完工，而且已完工程质量部分不合格。为此，双方发生纠纷。经查明：乙方在工商行政管理机关登记的经营范围为维修和承建小型非生产性建筑工程，无资格承包此项工程。经有关部门鉴定：该项工程造价应为 98.9 万元，未完工程折价为 11.7 万元，已完工程的厂房屋面质量不合格，返工费为 5.6 万元。

91.（单选题）被告返还原告多付的工程款（　　）。

A. 14.4 万元　　　　B. 13.2 万元　　　C. 11.7 万元　　　　D. 14.1 万元

92.（单选题）被告偿付原因工程质量不合格所需的返工费（　　）。

A. 7 万元　　　　　B. 6.3 万元　　　　C. 5.6 万元　　　　D. 13.4 万元

93.（多选题）按目的划分包括（　　）。

A. 综合索赔　　　　B. 单项索赔　　　C. 工期索赔　　　　D. 合同内索赔

94.（判断题）本案中，该合同有效。（　　）

95.（判断题）一般说来，依法成立的合同，自成立时生效。（　　）

96～100 背景材料：

某大型工程项目机电安装工程有甲工业设备安装公司承包（以下称承包人），承包人通过招标投标选定某水暖电安装作业劳务公司（以下称劳务分包人）作为该项目施工的劳务分包合作伙伴。双方在建设工程施工劳务分包合同签署中明确约定：施工现场安全文明，劳务分包人编制本项目的施工组织设计后送承包人修改审定；承包人不提供劳务分包作业人员的生活临时设施；若双方发生纠纷或争议，由项目所在地仲裁委员会仲裁。在实际施工阶段发生了如下几个问题：(1) 劳务分包二队施工现场管理混乱，事故频发，承包人要求检查进场电焊工和电工的特种作业人员证书时队长不予配合。为此，承包人书面通知劳务分包人和劳务分包项目负责人要求改善管理和撤换劳务分包二队队长，但遭到拒绝。(2) 劳务分包人在工地附近居民区租房作为劳务作业人员膳宿生活用，但生活区疏于管理，脏乱差现象严重。对此当地街道对承包人进行了处罚，承包人不服处罚，要求街道的上级部门行政复议。针对上述情况，承包人提出解除劳务分包合同，劳务分包人不同意解除，并拟向当地人民法院提起诉讼。根据背景材料回答以下问题

96. （单选题）承包人（   ）要求劳务分包人撤换劳务二队队长。

A. 不可以   B. 可以

C. 通过总监理工程师   D. 通过业主可以撤换

97. （单选题）劳务分包人生活区脏乱差，使得承包人受到当地行政管理部门的处罚，（   ）是劳务作业人员生活区管理的责任人。

A. 承包人   B. 劳务分包人

C. 工程业主   D. 前三个全部

98. （多选题）承包人要求劳务分包人编制施工组织设计的做法是错误的。正确的应该是劳务分包人应当根据承包人编制的施工组织设计，编制及修订提交劳务作业方案，劳务作业方案应包括（   ）等。

A. 劳动力安排计划   B. 机具计划   C. 设备计划   D. 材料供应计划

E. 安全生产计划

99. （判断题）承包人不提供劳务作业人员生活临时设施的做法正确。（   ）

100. （判断题）本案承包人解除本劳务分包合同的做法正确。（   ）

第二部分　专业管理实务

一、单项选择题（40题，每题1分）

101. 根据《中华人民共和国劳动法》的规定，从事一般建筑业劳动的务工人员的最低年龄，必须是年满（   ）周岁以上。

A. 14   B. 16   C. 18   D. 20

102. 总承包企业的（   ）不要求必须具有相应的安全资格证书。

A. 法人代表   B. 项目负责人   C. 项目工程师   D. 专职安全员

103. 最新建筑企业资质标准施工劳务分包资质（   ）。

A. 分专业，分等级   B. 分专业，不分等级

C. 不分专业，分等级   D. 不分专业，不分等级

104. 取得施工劳务资质的企业，可以承接（   ）分包的劳务作业。

A. 施工总承包企业但不能承接专业承包企业

B. 专业承包企业但不能承接施工总承包企业

C. 总承包企业或专业承包企业

D. 其他施工劳务企业

105. 建筑业企业资质证书有效期为（　　）年。

A. 2　　　　　　　　B. 3　　　　　　C. 5　　　　　　　　D. 10

106. 负责审核劳务人员身份、资格，办理登记备案的是（　　）。

A. 项目经理　　　　　B. 施工队长　　C. 施工员　　　　　　D. 劳务员

107. 实名制管理的基础是劳务作业进场人员（　　）。

A. 花名册　　　　　　B. 工资表　　　C. 工资台账　　　　　D. 劳动合同台账

108.《劳动法》第五十条规定：工资应当（　　）。

A. 以货币或实物形式按月支付给劳动者本人

B. 以货币形式按月支付给劳动者本人

C. 以货币形式按工程进度支付给劳动者本人

D. 以货币或实物形式按工程进度支付给劳动者本人

109. 劳动定额按其表现形式不同，分为（　　）。

A. 时间定额和产量定额　　　　　　　B. 时间定额和预算定额

C. 施工定额和产量定额　　　　　　　D. 施工定额和预算定额

110. 工人在工作班内消耗的工作时间，按其消耗的性质，可以分为两大类：（　　）。

A. 有效工作时间和停工时间　　　　　B. 必须消耗的时间和损失时间

C. 必须消耗的时间和休息时间　　　　D. 必须消耗的时间和停工时间

111. 以下（　　）属于有效工作时间。

A. 辅助工作时间　　　　　　　　　　B. 休息时间

C. 不可避免的中断时间　　　　　　　D. 停工时间

112. 从施工组织的角度看，（　　）是组成施工过程的基本单元。

A. 工序过程　　　　　　　　　　　　B. 工作过程

C. 工序过程和工作过程　　　　　　　D. 综合工作过程

113. 劳动力需求计划的编制程序第一步是（　　）。

A. 确定劳动效率　　　　　　　　　　B. 确定劳动力投入量

C. 确定劳动组合　　　　　　　　　　D. 确定投入强度

114. 关于劳务管理计划的目标的确定，说法正确的是：（　　）。

A. 劳务管理的目标只确定总目标

B. 劳务管理的目标不应将总目标和分目标分别设置

C. 劳务管理的目标应分为总目标和分目标

D. 劳务管理的目标只设置分目标

115. 某工程承包作业 5000m²，计划每平方米单位用工 5 个工日，每个工日单价 40 元，计划工期为 306 天，计划劳动生产率指数为 120%。计划平均人数为（　　）人（保留整数）。

A. 80　　　　　　　B. 82　　　　　　C. 90　　　　　　　　D. 100

116. 编制劳务用工需求量计划应该在（　　）阶段。

A. 决策　　　　　　　B. 施工前准备　C. 施工　　　　　　D. 投标

117. 用人单位与劳动者约定无确定终止时间的劳动合同是指（　　　）。

A. 固定期限劳动合同

B. 无固定期限劳动合同

C. 以完成一定工作任务为期限的劳动合同

D. 书面合同

118. 劳动派遣单位应当与被派遣劳动者订立（　　　）年以上的固定期限劳动合同，按月支付劳动报酬。

A. 一　　　　　　　　B. 二　　　　　　C. 三　　　　　　　D. 四

119. 关于工资发放形式，我国劳动法第五十条明确规定了，工资应当以（　　　）形式。

A. 实物　　　　　　　B. 货币　　　　　C. 有价证券　　　　D. 代购券

120. 用人单位自用工之日起超过一个月但不满一年未与劳动者订立书面劳动合同的，应当向劳动者支付（　　　）倍的月工资。

A. 一　　　　　　　　B. 二　　　　　　C. 三　　　　　　　D. 四

121. 劳务人员工资，采用固定劳务报酬方式的，（　　　）。

A. 施工过程中不计算工时和计算工程量

B. 施工过程中不计算工时和不计算工程量

C. 施工过程中计算工时和计算工程量

D. 施工过程中计算工时和不计算工程量

122. 劳务分包人按约定完成劳务作业，必须由承包人或劳务作业现场内的第三方进行配合时，（　　　）应配合劳务分包人工作或确保劳务分包人获得该第三方的配合。

A. 承包人　　　　　　　　　　　B. 需要配合的第三方

C. 工程业主　　　　　　　　　　D. 合同规定的其他人

123. 劳务队伍中特殊、关键岗位作业人员和主要技术工种人员必须（　　　）上岗。

A. 培训后　　　　　　　　　　　B. 考试合格后

C. 持证　　　　　　　　　　　　D. 实习后

124. 对于队伍管理进行评价，如果队伍人员变动较大，但能及时调整、满足施工需要应评价为（　　　）。

A. 优秀　　　　　　　B. 良好　　　　　C. 合格　　　　　　D. 不合格

125. 对劳动合同的无效或者部分无效有争议的，由（　　　）或者人民法院确认。

A. 劳动行政部门　　　　　　　　B. 劳动监察机构

C. 劳动争议调解委员会　　　　　D. 劳动争议仲裁机构

126. 下列（　　　）不属于产生劳务人员工资纠纷的主要原因。

A. 建设单位和总承包单位拖欠工程款引发的工资纠纷

B. 施工劳务单位内部管理混乱，考勤不清和工资发放不及时引发的工资纠纷

C. 总承包单位和施工劳务单位由于劳务分包合同争议引发的工资纠纷

D. 分包引发的工资纠纷

127. 工伤职工有下列（　　　）情形之一的，不得停止享受工伤保险待遇。

A. 丧失享受待遇条件的

B. 配合治疗的

C. 拒不接受劳动能力鉴定的

D. 拒绝治疗的

128. 职工或者其近亲属认为是工伤，用人单位不认为是工伤的，由（　　）承担举证责任。

    A. 职工本人　　　　　　B. 职工近亲属　C. 用人单位　　　　　D. 劳动部门

129. 关于工伤保险和意外伤害保险，下列说法正确的是：建筑施工企业（　　）。

A. 应当依法为职工参加工伤保险，缴纳工伤保险费

B. 应当为从事危险作业的职工办理意外伤害保险，支付保险费

C. 应当依法为职工参加工伤保险，工伤保险费由企业和个人共同承担

D. 应当为从事危险作业的职工办理意外伤害保险，保险费由企业和个人共同承担

130. 工程承包人将建筑工程施工中的劳务作业发包给具有劳务资质的劳务企业的行为是（　　）。

    A. 工程承包　　　　　　B. 劳务分包　　C. 专业工程分包　　　D. 劳务招投标

131. 工种工日单价是指按不同作业工种划分的，每完成一个（　　）所要支付的工资价格（元/日）。

    A. 定额工日　　　　　　B. 日历工日　　C. 劳务市场工日　　　D. 综合工日

132. 为了规范劳务费结算的审计工作，将劳务费的结算审计分为（　　）和最终结算。

    A. 工程预结算　　　　　B. 初始结算　　C. 中间结算　　　　　D. 综合结算

133. 劳务分包企业必须（　　）支付一次农民工的基本工资，企业工资支付数额不得低于当地工资最低标准。

    A. 每月　　　　　　　　B. 每季度　　　C. 年末　　　　　　　D. 工程完工

134. 劳务员对劳务队伍的管理通过（　　）来具体实施，花名册中信息须由他提供给劳务员进行统计。

A. 劳务作业人员　　　　　　　　　B. 劳务队伍项目经理

C. 项目部管理人员　　　　　　　　D. 项目部项目经理

135. 用人单位保存劳动考勤记录不得少于（　　）。

    A. 2 年　　　　　　　　B. 3 年　　　　C. 5 年　　　　　　　D. 10 年

136. 承包人应当做到对劳务施工队劳务费（　　），或按劳务分包合同约定执行。

    A. 日结月清　　　　　　B. 日结季清　　C. 周结（月）季清　　D. 月结（月）季清

137. 劳务管理资料档案最低保存年限：合同协议类（　　）。

    A. 3 年　　　　　　　　B. 5 年　　　　C. 8 年　　　　　　　D. 10 年

138. 按照"实名制"管理要求，劳务企业应当建立所属人员的信息档案，其中包括人员姓名、身份证号、学历和（　　）。

    A. 性别　　　　　　　　B. 年龄　　　　C. 职业资格证书　　　D. 工龄

139. 分包单位提供的所有资料必须提交原件一式（　　）。

    A. 两份　　　　　　　　B. 三份　　　　C. 四份　　　　　　　D. 五份

140. 总包负责招标的分包单位在接到总包项目经理部下发的招标图纸或正式图纸后（   ）内必须将所有图纸问题提交总包技术部门。

    A. 6 天   B. 7 天   C. 8 天   D. 9 天

二、多项选择题（10 题，每题 2 分）

141. 关于建筑业企业资质证书法律效力问题说法正确的是：（   ）。

    A. 证书分为正本和副本

    B. 正本的效力大于副本

    C. 正本与副本具有同等的法律效力

    D. 资质证书的有效期为 5 年

    E. 资质证书的有效期为 3 年

142. 施工劳务企业持有岗位证书的施工现场管理人员不少于 5 人，且（   ）等人员齐全。

    A. 施工员   B. 质量员   C. 安全员   D. 劳务员

    E. 质检员

143. 施工劳动力具有以下特点：（   ）。

    A. 以使用劳务分包企业劳动力为主

    B. 以农村劳动力为主

    C. 以使用本企业劳动力为主

    D. 高技能工人少，一般技工和普通工多

    E. 女性工人少，男性工人多

144. 符合劳动力需求计划的编制要求的是：（   ）。

    A. 要保持劳动力均衡使用。

    B. 根据工程的实物量和定额标准分析劳动需用总工日

    C. 根据施工组织设计和进度计划确定各个阶段的生产工人的数量和及各工种人员之间的比例

    D. 对工程量进行估算

    E. 要准确计算工程量

145. 人员培训与企业文化相适应原则要求，培训应（   ）。

    A. 服务于企业的总体发展战略

    B. 有助于企业文化的形成和发展

    C. 有助于企业管理工作的程序化

    D. 超前于市场需求

    E. 与时俱进

146. 劳动合同的必备条款是指法律规定的劳动合同必须具备的内容，根据《劳动合同法》第十七条第一款的规定，以下条款中属于劳动合同必备条款的是（   ）。

    A. 用人单位的名称、住所和法定代表人或者主要负责人

    B. 劳动合同期限

    C. 工作时间和休息休假

D. 福利待遇

E. 社会保险

147. 农民工发现企业有下列（　　　）情形之一的，有权向劳动和社会保障行政部门举报。

A. 未按照约定支付工资的

B. 拖欠或克扣工资的

C. 按约定支付工资的

D. 签订劳动合同的

E. 支付工资低于当地最低工资标准的

148. 劳务分包合同价款包括：（　　　）。

A. 工人工资　　　　　　B. 劳动保护费　　　　　　C. 管理费

D. 低值易耗材料费　　　E. 周转性材料租赁费

149. 对统计资料进行审核，主要是审核原始资料的（　　　）。

A. 准确性　　　　　　B. 及时性　　　　　　C. 全面性

D. 系统性　　　　　　E. 广泛性

150. 以下可作为劳务分包企业进场作业人员实际发生作业行为工资分配的证明有（　　　）。

A. 工资表　　　　　　B. 花名册　　　　　　C. 支付凭证

D. 考勤表　　　　　　E. 身份证

三、判断题（20题，每题0.5分，正确填A，错误填B）

151. 建设主管部门、其他有关部门在实施监督检查时，应当有两名以上监督检查人员参加，并出示执法证件，不得妨碍企业正常的生产经营活动，不得索取或者收受企业的财物，不得谋取其他利益。（　　　）

152. 按定额标定的对象不同，劳动定额又分为单项工序定额、综合定额。（　　　）

153. 劳务管理资料档案最低保存年限，统计报表类为5年。（　　　）

154. 劳务承包人必须与每个劳务作业人员签订劳动合同，不得私招乱雇使用零散工。（　　　）

155. 劳务需求预测应以劳动定额为依据。（　　　）

156. 劳动者在该用人单位连续工作满十年的，在续订合同时，应当订立无固定期限劳动合同。（　　　）

157. 同一用人单位与同一劳动者只能约定一次试用期。（　　　）

158. 劳动者医疗期届满劳动者不能从事原工作，用人单位可以单方变更劳动合同，无须与劳动者协商一致。（　　　）

159. 用人单位和劳动者对劳动合同的无效或者部分无效有争议的，由劳动争议仲裁机构或者人民法院确认。（　　　）

160. 建筑劳务分包招标是劳务采购的最主要手段，是参照工程量清单招标的模式，通过公开招标的形式把总承包或专业分包企业的承包或分包工程中的劳务作业，发包给具有相应劳务分包资格的企业完成的活动。（　　　）

161. 安全检查的重点是劳务条件、生产设备、现场管理、安全卫生设施以及生产人员的行为。（　　）

162. 劳务企业在收到劳务工程款后，总承包企业项目部要监督分包企业将工资支付到劳务民工手中，限期回收工人本人签字的工资发放表，报总承包企业存档备查。（　　）

163. 劳务分包人应当组织具有相应操作技能和符合本合同劳务作业要求的劳务作业人员投入工作。（　　）

164. 对劳务分包队伍的综合评价，可以分为过程综合评价和全面综合评价。（　　）

165. 实名制管理的基础是"劳务作业进场人员花名册"。（　　）

166. 基本医疗保险费由用人单位和职工双方共同负担。（　　）

167. 劳务分包条件下，分包人可自行管理，而且只对与其签订劳务合同的工程承包人负责，工程承包人对发包人负责，劳务分包人对工程发包人不直接承担责任。（　　）

168. 劳务分包合同有约定的情况下，承包人可以要求劳务分包人提供或租赁周转性材料。（　　）

169. 对于既没有工程所在地关于劳务作业人员考勤方法的规定、又没有承包单位关于劳务作业人员的考勤方法规定的，可采用劳务分包单位关于劳务作业人员考勤方法的规定，但必须经承包单位认可。（　　）

170. 项目劳务管理人员必须要求施工队伍负责人提供务工人员工资表，并留存备案，工资表中人员必须和考勤表一致，且必须有务工人员本人签字、施工队伍负责人签字和其所在企业盖章，方可办理劳务费结算。（　　）

四、案例分析题占30%（5大题，每题共6分，含单选题3题、多选题1题、判断题2题）

171～176背景材料：

某项目基础底板施工，合同约定工期45天，项目经理部根据业主提供的电子版图纸编制了施工进度（如图），底板施工暂未考虑流水施工.

施工进度计划图

代号	施工过程	6月						7月					
		5	10	15	20	25	30	5	10	15	20	25	30
A	基底清理	──											
B	垫层与砖胎模		──										
C	防水层施工			──									
D	防水保护层				──								
E	钢筋制作					──							
F	钢筋绑扎						──						
G	混凝土浇筑								──				

因业主未按时提供正式图纸，致使工序E在6月6日才开始.基于安全考虑，建设单位要求仍按原合同约定的时间完成底板施工，为此施工单位采取调整劳动力计划，增加劳动力等措施，在15天内完成了2700吨钢筋制作（工效为4.5吨/人·工作日）

171.（单选题）钢筋制作的劳动力投入量为（　　）工日。

A. 15　　　　　　　　　B. 40　　　　　　　　　C. 90　　　　　　　　　D. 180

172.（单选题）劳动力总需求计划的编制程序中，第一步是：（　　）。

A. 确定劳动力投入量　　　　　　　B. 确定劳动效率

C. 计算流水步距　　　　　　　　　D. 计算流水节拍

173.（单选题）劳动力总需求计划的编制方法不包括（　　）。

A. 经验比较法　　　　　　　　　　B. 分项综合系数法

C. 概算定额法　　　　　　　　　　D. 技术测定法

174.（多选题）本工程编制劳动力需求计划时，需要考虑以下参数：（　　）。

A. 工期　　　　　　B. 工程量　　　　C. 时间定额或产量定额

D. 流水节拍　　　　E. 班次

175.（判断题）劳务需求计划应以劳动定额为依据。（　　）

176.（判断题）根据使用对象的不同，劳动力需求计划可分为正常劳动力需求计划和特殊情况需求计划。（　　）

177～182 背景材料：

某建筑公司招聘了孙某（男）和赵某（女）两大学生分别在项目部担任施工员和在公司担任文职工作，均签订了为期 3 年的劳动合同。在合同内约定，试用期 3 个月，试用期工资 1800 元（当地最低工资标准是 1770 元），转正后工资为 3600 元。刚从学校毕业的两人，急于找工作，均对以上合同约定无异议。参加工作 1 个月以后，因孙某谈恋爱开销大，1800 元的工资在当地根本无法生活下去，孙某觉得自己已经能够完全胜任目前的工作，于是孙某去找领导希望提前转正，同工同酬；但被告知，公司发给他的工资高于当地的最低工资标准，完全合法，公司的规定不能为了某个人而破先例。一年以后，赵某怀孕。自从有了身孕以后，赵某的整个工作态度都改变了，之前兢兢业业地工作的她变得有点懒散，很多事情都不情愿从事了，失去了工作的积极性和责任心。2015 年 3 月，该公司与一家房地产开发公司要签订一份合同，由赵某进行记录打印；因时间紧，该公司安排怀孕 3 个月的赵某延长工作时间加班整理合同。在打印过程中，赵某把双方合同约定的工程款由 1500 万美元打印成了 1500 万人民币，导致该公司与房地产开发公司签订的合同受到了巨大的损失。之后公司查明是由于赵某严重失职造成的这样结果，因此公司立即与赵某解除了劳动合同。但赵某认为自己是在孕期，公司是没有权利解除自己的劳动合同的。双方因此应发了争议。

177.（单选题）此案中，某建筑公司与孙某和赵某签订的劳动合同属于（　　）合同。

A. 固定期　　　　B. 无固定期　　　　C. 劳务派遣　　　　D. 劳务

178.（单选题）建筑公司与孙某和赵某签订为期 3 年的劳动合同，其试用期不得超过（　　）。

A. 1 个月　　　　B. 2 个月　　　　C. 3 个月　　　　D. 6 个月

179.（单选题）根据《劳动合同法》第 20 条规定，建筑公司给孙某和赵某发的试用期工资至少为（　　）元。

A. 1770　　　　B. 1800　　　　C. 2880　　　　D. 3600

180.（多选题）女职工在的，用人单位不能以医疗期满、不胜任工作、客观情况发生重大变化以及裁员为由与之解除劳动合同？（　　）

A. 孕期　　　　B. 产期　　　　C. 哺乳期　　　　D. 休养期

E. 例假期

181.（判断题）在试用期内，孙某因自己已能够完全胜任目前的工作，要求领导给予"提前转正，同工同酬"的做法正确。（　　）

182.（判断题）该公司开除怀孕赵某的做法正确。（　　）

183～188 背景材料：

2011 年 7 月，住建部发布了"关于发布行业标准《建筑与市政工程施工现场专业人员职业标准》的公告"（第 1059 号），公告指出：该标准自 2012 年 1 月 1 日起实施。《建筑与市政工程施工现场专业人员职业标准》中规定，劳务员的主要工作职责之一是："负责或监督劳务人员进出场及用工管理。"作为劳务员，对本岗位的工作职责必须掌握。请依据《建筑与市政工程施工现场专业人员职业标准》回答以下问题。

183.（单选题）劳务分包队伍进场流程中的第一步是：（　　）。

A. 签订劳动合同

B. 编制进场工种、人数一览表

C. 下达劳务分包队伍进场通知书

D. 劳务分包队伍进场准备

184.（单选题）劳务员根据公司所批复的项目进度计划和劳动力使用计划编制进场工种、人数一览表，该表除反映工种、人数的信息外，还应该有：（　　）。

A. 个人的姓名　　　　B. 工作经历　　C. 进场时间　　　　　D. 退场时间

185.（单选题）下达劳务分包队伍进场通知书的时间（　　）。

A. 必须在工程开工的 7 天前

B. 应在工程开工的 7 天前（如劳务合同有具体约定，按合同约定）

C. 必须在工程开工的 10 天前

D. 应在工程开工的 10 天前（如劳务合同有具体约定，按合同约定）

186.（多选题）劳务分包作业过程管理包括劳务队伍的进场管理、（　　）和劳务队伍的退场管理等。

A. 劳务分包作业过程的安全管理

B. 劳务分包作业过程的劳动合同管理

C. 劳务分包作业过程的竣工验收管理

D. 劳务分包作业过程的质量管理

E. 劳务分包作业过程的进度管理

187.（判断题）劳务分包队伍进场是指承包人通过合法选择或采取招标程序而中标的施工劳务企业依照与承包人所签订的建设工程劳务分包合同开始履行施工程序的行为。（　　）

188.（判断题）劳务人员考勤就是对劳务作业人员的考勤。（　　）

189～194 背景材料：

某装饰公司于 2015 年 10 月在某市承接了新楼装修项目，根据需要，该公司将该项目的部分工作委托给一包工队完成，并于 2015 年 12 月与包工队队长王某签订了项目承包协议，协议明确约定了项目内容、质量保证、完工日期、协议总额等相关事项。

2016 年 1 月 15 日，该包工队按协议进程规定，进行 5 号楼的楼层粉刷工作。工作期间，一名粉刷工出于好奇，将头探入该楼未封闭的电梯运行观察口向下观望，不幸被正在下行的电梯挫伤头部，包工队队长及几名工友立即将其送至附近医院抢救，终因抢救无效死亡。

事后死者家属要求包工队队长连同装饰公司赔偿死者抢救医疗费、丧葬费及家属精神损失费共计60万元。

根据背景材料回答下列问题。

189. （单选题）工伤保险的费用由（   ）承担。

A. 政府   B. 人单位   C. 人单位和个人共同   D. 人

190. （单选题）职工基本医疗保险缴费方式是（   ）缴纳。

A. 政府   B. 人单位   C. 人单位和个人共同   D. 人

191. （单选题）对因生产安全事故造成的职工死亡，其一次性工亡补助金标准调整为按全国上一年度城镇居民人均可支配收入的（   ）倍计算。

A. 10   B. 15   C. 20   D. 30

192. （多选题）我国的社会保险包括（   ）和失业保险。

A. 养老保险   B. 医疗保险   C. 疾病保险   D. 工伤保险

E. 生育保险

193. （判断题）工伤保险是劳动者在工作中或在规定的特殊情况下，遭受意外伤害或患职业病导致暂时或永久丧失劳动能力以及死亡时，劳动者及其遗属从国家和社会获得物质帮助的一种社会保险制度。（   ）

194. （判断题）企业必须为从事危险作业的职工办理意外伤害保险，支付保险费。（   ）

195～200 背景材料：

公司成立于2005年4月20日，注册资金为90万元人民币，其经营范围包括：建筑劳务分包，营业期限自2007年12月17日至2010年12月17日。乙公司承包了位于方城县方舟城市花园1号、2号、3号楼的土建、模板打油等工程后，于2007年11月30日，将方舟城市花园2号楼主体劳务施工分包给了甲公司。合同约定，乙公司在扣除1.5%的劳务费后将工程款支付给甲公司。在施工期内发生的一切开支及其他应缴纳的各种社会保险费用均由甲公司自行承担。同时，该合同还约定，甲公司应对自身队伍的施工质量、工期、安全等负全责任并承担相应的经济损失及项目部的考核奖罚。该合同签订后，经介绍王恩德于2007年11月30日到方城县方舟城市花园工地劳动。2007年12月10日上午9：00左右，王恩德在工地二楼外墙扎钢筋时，从楼上摔下来。2007年12月11日，王恩德被送往该市医专附院进行手术治疗。2008年1月22日出院，共住院42天，王恩德在医院治疗期间的医药费由甲公司支付。还向王恩德支付了2007年11月30日至2007年12月10日之间的劳务费，每天60元，9天共计540元。2008年5月16日，经南阳南石法医临床司法鉴定所鉴定，王恩德脾脏摘除，构成伤残六级，王恩德多次找甲公司协商解决，但终未达成一致意见，王恩德诉至法院，要求判甲公司连带支付伤残赔偿金38516元，误工费90天，每天60元共5400元，被抚养人生活费12382.05元，精神抚慰金3万元，共计87298.05元

195. （单选题）甲公司企业资质标准为（   ）。

A. 一级   B. 二级   C. 三级   D. 四级

196.（单选题）劳务管理人员必须限分包企业在（   ）内与每位务工人员签订劳动合同并留存备案。

A. 2日   B. 3日   C. 4日   D. 5日

197.（单选题）（   ）是基于对工伤职工的赔偿责任而设立的一种社会保险制度。

A. 工伤保险   B. 医疗保险   C. 养老保险   D. 其他社会保险

198.（多选题）下列说法正确的是：（   ）。

A. 甲公司没有资质承包乙公司分包项日

B. 甲公司未和王恩德签订劳务合同，所以无须负责

C. 乙公司将承包工程分包给甲公司后出现的事故乙公司也要承担责任

D. 王恩德要求的索赔是合理的

E. 甲公司有铁塔承包乙公司分包项目

199.（判断题）受伤害职工或者其直系亲属、工会组织申请工伤认定时限：1年，自事故伤害发生之日或者被诊断、鉴定为职业病之日起算。（   ）

200.（判断题）工伤或伤亡职工的治疗与抚恤包括：因工伤亡赔偿、护理费、非法用工伤亡赔偿。（   ）

模拟试卷 参考答案

第一部分 专业基础知识

一、单项选择题

1. C；2. C；3. D；4. C；5. C；6. D；7. D；8. B；9. B；10. A；11. A；12. C；13. D；
14. A；15. B；16. D；17. C；18. A；19. D；20. A；21. D；22. B；23. A；24. A；25. C；
26. B；27. D；28. D；29. B；30. C；31. C；32. C；33. B；34. D；35. A；36. B；37. C；
38. D；39. C；40. B；41. A；42. C；43. D；44. B；45. B；46. B；47. B；48. B；
49. B；50. B

二、多项选择题

51. ABCD；52. ABCE；53. ACDE；54. ABCE；55. ABC；56. CD；57. CD；
58. ABCE；59. ABCD；60. ACDE

三、判断题

61. B；62. A；63. B；64. B；65. B；66. B；67. B；68. B；69. B；70. A；72. A；
73. B；74. A；75. A；76. A；77. B；78. A；79. B；80. A

四、案例分析题

81. B；82. C；83. ACD；84. B；85. A；86. B；87. C；88. ABDE；89. A；90. B；
91. A；92. C；93. CE；94. B；95. A；96. B；97. A；98. ABCD；99. B；100. A

第二部分 专业管理实务

一、单项选择题

101. B；102. C；103. D；104. C；105. C；106. D；107. A；108. B；109. A；110. B；
111. A；112. A；113. A；114. C；115. B；116. B；117. B；118. B；119. B；120. B；
121. B；122. A；123. C；124. C；125. D；126. D；127. B；128. C；129. A；130. B；
131. A；132. C；133. A；134. B；135. A；136. D；137. C；138. C；139. B；140. B

二、多项选择题

141. ACD； 142. ABCD； 143. ABDE； 144. ABCE； 145. ABCE； 146. ABCE；
147. ABE； 148. ABCD； 149. ABCD； 150. AD

三、判断题

151. A； 152. A； 153. A； 154. A； 155. A； 156. A； 157. A； 158. A； 159. A；
160. A； 161. A； 162. A； 163. B； 164. A； 165. A； 166. A； 167. A； 168. B；
169. A； 170. A

四、案例分析题

171. B； 172. B； 173. D； 174. ABCE； 175. A； 176. B； 177. A； 178. D； 179. C；
180. ABC； 181. B； 182. A； 183. B； 184. C； 185. B； 186. ADE； 187. A； 188. B； 189. B；
190. C； 191. C； 192. C； 192. ABDE； 193. A； 194. B； 195. B； 196. B； 197. A；
198. AD； 199. A； 200. A